天下文化
BELIEVE IN READING

心靈地圖 II

探索成熟與自由之旅

Further Along the Road Less Traveled

The Unending Journey Towards Spiritual Growth

M. Scott Peck, M.D.
史考特・派克 — 著　張定綺 — 譯

BBP468

Contents

第2部 探索

第3部 信仰

推薦序

生命的飢渴

阮大年　教育家、作家

本書是美國著名精神導師派克醫師繼《心靈地圖 I》而寫的續集，顧名思義他所探討的乃是一般人不常去思考的問題，也是一般認為不實際的問題。

中國人一向重視實用，也許是中國人的歷史一直是為了生活而努力、奮鬥，不得不實際面對生存問題，在台灣這數十年經驗裡，果然看到了實用主義的輝煌成果，而使台灣人民走到任何地方都抬頭挺胸、趾高氣昂，甚至表現出不可一世的氣概。只是令人擔心的是，經濟的成就並沒有帶來真正生命的豐盛和愉悅，反而是沉迷與失落。

其實台灣的問題不是偶發的，而是一味追求發達及富足之後的必然因果，一九九二年的《美國新聞與世界報導》雜誌中記載：「近來有一種飢渴，源自唯物主義和科學發展而來，是一種使人不安的匱乏感，一種對內在生命的渴望……愈來愈多的人亟於找尋一個從心靈與精神層次出發的答案。」同樣的話可描繪在台灣的人，我們目前心靈的飢渴及精神的苦悶，比當時的美國人可謂有過之而無不及。

派克醫師的主張，是因應這種飢渴而寫的。

人生是由一連串飢渴而編織成的，嬰孩一生下來就飢渴——需要食物及溫情；稍長後又對知識、真理產生飢渴——因此要上學、讀書；有生理及性的飢渴——因此進入婚姻之門；有群居及歸屬的飢渴——因此組織家庭、參加社團；有追求卓越的飢渴——因此努力於求名求利、著書立言等。

飢渴感並沒什麼不好，而且是使人類努力的原動力，然而吾生也有涯，往往因為忙於解決上述一般的飢渴後，人生也就在解飢止渴的過程中溜走了，而很多人一輩子都沒有體會到生命中有另一種更基本及深邃的飢渴——心靈永恆的需求。

聖奧古斯丁有言：「神啊！我心永遠不得安息（或作永遠在飢渴），直到在祢裡面。」

派克醫師的話，不一定能解除你我心靈中的飢渴，如同他一開始就說的「壞消息——我什麼也不知道。」他的目的也不是給我們一個標準答案，雖然他承認已經尋到了自己的答案及方向。

派克醫師提醒我們，生命是有限卻又可能是永恆的，外在、可見的身體是會變老及消逝，但我們內心已經看見心靈是永存及可以日新又新的。只可惜人幾乎把一生的精力及時間都去改進和化妝外在的形體，而忽視了對心靈的貫注及追尋。從某方面講，外在努力是可見且容易見效的，也容易引人注意，甚至功成名就還可以遺傳給兒女、惠及子孫，何樂而不為？反之，對心靈的追尋、是非，只存乎一心，別人也體會不到，更不易傳授轉贈，因此在功利的環境中更加不受重視及被忽略了。

我推薦這本書，因為它是暮鼓晨鐘，在這個多元卻無目標的社會中發出了聲音：「要追求永恆！」「要自省！」確實，這一代可稱為不多自省的一代，我們每天看到的都是批評、不滿，卻鮮見任何人自省。

派克醫師認為人類的心靈有無止境求新求變的獨特能力，這也是孟子所說人之異於禽獸者的「幾希」，而作者為心靈的成長可大致分為四個階段：

第一階段的人可謂是混沌的心靈，只有生活的過程而沒有明確的人生目標。

第二階段的人屬於需要形式才能滿足的心靈，他們倚賴某些形式做為生命意義之所依，這形式可能是宗教、藝術團體，也可能是黨派、社團，他們的特徵是強調組織內的形式及教條，而以儀式為最高準則。

第三階段的心靈較自由且理性，也許沒有明顯的信仰主題，但都積極正面地參與社會，認為生命的意義在貢獻自己，使世界更美好。

第四階段的心靈可以說是第三階段努力尋求後的答案，他們不迷信宗教，卻真正可以認識上帝，生命中有不能說的真正神祕，也真正能感到天人合一的生命境地。然而這並不是一個目的地，第四階段只是表明真正進入一個有無限發展可能的心靈之旅，也正如基督教所謂的信仰是一條路——來於信，以致於信。

無論如何，一個好好接納本書的讀者，對自己心靈的成長都有更高、更深一層的激勵，也能認清自己內心有比目前更進步的可能，正如王爾德所說的：「每個聖人都有不可告人的過去，每個罪人都能有美好的盼望！」

推薦序

尋求靈性解放

王浩威　精神科醫師、作家

原先翻閱派克醫師著的《心靈地圖 I》時，總有些隨興消遣的意味，畢竟市面有太多「勵志」、「心理」或「心靈」的書籍了，令人覺得翻來翻去，也不過如此。偶爾拾遇了一本令我眼睛一亮的這類書籍，好不容易記住作者的大名，待他的新作出版時便趕快買一本，然而，常常原本抱著極大期待的，卻一次次的失望了。

看《心靈地圖 I》的感覺卻截然不同。躺在床上翻著這本書時，睡意逐漸消失，取而代之的是對作者的好奇。「愛」是談得令人有點厭煩的字眼，而「紀律」則是天生引人反感的，然而在這本書中，一切卻有了重生的定義。

對作者而言，寫作的材料原本就是源自實務的臨床經驗。病人或個案所陳述的生命經驗，觸目驚心地引發了他對自己的思考，寫作也就成為另一種自我探索的紀錄。

身為一位擅長精神分析的精神科醫師，在學理訓練的出發點上，他很明顯受到佛洛伊德和榮格的影響。特別是有關自戀的理論，佛洛伊德首先提出了原初自戀和次發自戀，榮格進而將之視為自我完成的必要途徑，也就是除了一般人知道的「自戀人格違常」這類負面陳述以外，其實自戀也有另一種正面的意義呈現。

在派克醫師的筆下，這一切學理化為無形，取而代之的是極其平易的舉例和用詞。也因為對這個平易的要求，他毫不畏懼地重新用了一些已經有些俗氣的字詞。這時，「紀律」已不再是團體對個人的要求，而是來自自我的要求，是自我進行著紀律，而非自我被要求守紀律；同樣的，「愛」也不再是對他人的付出，而是「擴充自我的意願」，只不過前提是「滋養個人和他人心靈成長」罷了。這是作者極其高明的地方，他用平凡得甚至有點保守的字眼，來暢談他極其進步的觀念。

到了《心靈地圖II》這本書，他進而開始談宗教。

直到今日，雖然很多人已經不再像馬克思一般強烈排反宗教：但對於社會上各種宗教形式的盛行，不免還是有些擔憂，從書中可以看出，派克醫師也懷有這樣一份隱憂，他敢於拂逆當今盛行的新世紀運動，指出各種盲點和困境，就是典型的例子。

然而作者也不忌諱宗教，甚至用信仰來解決宗教的困境。對他而言，宗教是必要的；但他指的是個人信仰的追求，而非宗派團體的遵循。

當下的宗教團體往往在無形中扼殺了個人的意志。關於這點，如果用強烈的字眼，便是常見的「宗教法西斯」：如果用派克醫師的說法，就是「祕密教派」。作者不擔心教派的攻擊，甚至提出了它們的十大特徵，認為只要符合三、四點就可以了，像對領袖魄力的偶像崇拜、地位崇高的權力核心、行政黑箱作業、隱瞞財務、鼓勵教徒倚賴、強化教徒一致性、特殊語言、武斷的教義、異端邪說或是自認掌握了上帝。他列出了這份標準，幾乎是從新時代運動到傳統的基督教或佛教，全都被擊中要害了。

另一方面，他卻是極力陳述個人心靈或個人信仰的重要性，雖是科學訓練出身的精神科醫師，他還是排斥了以科學自居的狹義心理學，從《心靈地圖 I》到《心靈地圖 II》，最大的突破莫過於這種將宗教和心理學融為一體的努力，恐怕是和心理學的人格階段相關；他對個案信仰活動發展出的興趣，特別強調了類似艾瑞克森（Eric Erikson）「認同危機」一般的「信仰危機」。

宗教的特殊角色，一種極與自省的信仰，成為本書最大的特色。作者自己也承認，他的受洗是在《心靈地圖 I》完成之後，《心靈地圖 II》是重新信仰以後寫就的。因為宗教和科學（心理學和精神醫學）的兼顧，讓他能看見更廣闊的視野。

對於不可知的世界，他永遠保持必要的敬畏，像現象學常說的「劃上括弧」（bracketing），也就是「存而不論」；承認它的存在，但暫時不會急著說定它。因為這樣的敬畏，他開始談論密契主義和死亡，甚至認為性愛高潮和性靈經驗有著一定的相關性。

如果《心靈地圖Ｉ》是一本有關自我心理調適和成長的書籍，那麼《心靈地圖II》則是自我靈性的修行和解放。這其實是很不容易的一步，然而作者平易而輕鬆地做到了。

自序
多元化的思考向度

讀者或許還記得《心靈地圖 I》的第一句話：「人生困難重重。」那是個顛撲不破的真理，我現在要為它添一句注腳：人生變化無窮。

每個人都必須自己摸索人生的路，沒有自助手冊、公式或簡單明瞭的答案可以憑藉。適合甲的路，或許乙走了就是錯誤，所以本書中絕對沒有「走這條路」、「在這兒左轉」的字樣。人生的旅程不是康莊坦途，它是一條沿路視線不佳、沒有路標，且穿過曠野、崎嶇不平的山徑。

過去十年來，我在曠野中摸索前進，學到一些減輕旅程艱辛的訣竅，都盡可能記錄在本書中。但是當我告訴你，迷路時根據青苔生長在大樹北側的原則，又可以找到原路的同時，也一定會警告你，如果置身紅木林中，你會發現很多樹的四周全都長著青苔，很多時候你還是要自行判斷。

更不要以為人生這條路會一直筆直向前，只要你一步一步踏出去，就能不斷前進。書中所寫的，是我個人心靈成長的進階，不必然是每個人成長會經過的道路。人生的路像一連串同心圓，從圓心向外不斷擴張，其中的關連無法用任何簡單直接的原理說明。

可是我們不必堅持踽踽獨行，可以向出現在我們生命中、任何一股超過自我的力量求助。每個人對這種力量的觀點不同，可是大多數人都知道它確實存在。此外，一路行進時，也不妨與他人結合力量、同舟共濟。

如果本書對你有任何助益，我最希望它能幫助你避免以偏概全的思考方式，不要鑽牛角尖尋找公式或者簡單的解答，而開始從多元化的角度思考，崇揚生命的神祕與矛盾；不要因為每一次經驗內存著許多因果關係而惶惑不安，安心去欣賞生命的複雜多變吧。

第1部

成長

當我們愈來愈能承擔痛苦，了解寬赦的真意，
以珍惜生命的方式來接納死亡，
在神祕之中摸索出自己的方向，
心靈也就隨之成長。

第一章　包容痛苦

痛苦是人生的一部分，
但是，愈能承擔痛苦，就能感受愈多歡樂。

這一輩子我都在想，我真正成長以後，會是什麼樣的人。到了約莫七年前，我突然覺悟，我永遠不會長得夠大——成長是永不止歇的過程。我於是問自己：「好啦，派克，到目前為止，你長成什麼樣的人了呢？」一提出這個問題，自己就嚇了一大跳，因為我發現，我已成為傳福音的人，而我一直以為，此生最不可能做的就是傳福音。而且這種人可能也是一般人最不願意碰到的人。

「傳福音的人」一詞，予人種種最壞的聯想，例如，你可能會立刻聯想到一個指甲修得整整齊齊、頭髮吹得油光滑亮的牧師，身穿價值兩千美元的西裝，戴滿金戒指的手裡捧著一本仿皮面的《聖經》，高聲吶喊：「哦，主耶穌，救我吧！」

別擔心，我沒說我變成的是這種傳福音的人。我所謂的「傳福音的人」，是這個字眼最原始的意義——散播好消息的人，只不過我也會散播壞消息。我是個同時散播好消息和壞消息的傳福音人。

如果你跟我一樣，習慣暫緩滿足自己的欲望，當別人問你：「有好消息和壞消息，你想要先聽哪一樣？」你一定會說：「請先告訴我壞消息吧。」所以我先宣布壞消息：我什麼也不知道。

一個傳福音的人，所謂「帶好消息來的人」，竟承認他什麼也不知道，可能很奇怪。但真相是你、我什麼也不知道，大家同樣無知，我們生存在神祕無比的宇宙裡。

傳福音的人應該帶來「安慰與喜樂的好消息」，我卻有一則關於人生旅途的壞消息，這與痛苦有關。我要告訴你受苦是做人的一部分，自伊甸園以來就是如此。伊甸園的故事當然是神話，可是它跟其他神話一樣蘊含著真理，對人類意識進化的過程，有逼真的描述。

人類吃了善惡樹上的果子，就開始有意識，有意識之後，立刻就產生自我意識，上帝就靠這一點看出人偷吃了果子，因為我們突然變得謙虛、害羞。這則神話告訴我們，害羞是人性的一部分。

由於我是個心理醫師，近年又從事寫作和演講，因而有機會遇見很多傑出且思想深邃的人，他們基本上都很害羞。不過我也遇見極少數真正不害羞的人，全都因為他們曾在某些方面受過嚴重的傷害，喪失了這部分的人性。

害羞是人性，我們自從在伊甸園產生自覺以來，就一直是害羞的。自覺使我們意識到自己是獨立的個體，跟大自然和宇宙合為一體的感覺頓時消失。被逐出創世樂園，象徵我們就此喪失了跟其他造物合一的感覺。被逐出伊甸園，就是永遠的驅逐，再也不能回去。我們不能回頭，只能往前走。

痛苦是學習的一部分

回伊甸園就像企圖回歸母親的子宮、回復嬰兒期。既然人不可能回到子宮或嬰兒期，我們除了成長之外，沒有別的選擇。唯一的路就是越過人生的沙漠，千辛萬苦度過乾涸荒蕪的大地，一步步踏入更深的意識層次。

這是非常重要的真理，因為人類的心理疾病，包括吸毒嗑藥在內，絕大多數都源於重返伊甸園的企圖。參加雞尾酒會時，喝上一杯，有助於減輕自覺，消除羞澀。適量的酒精、大麻、古柯鹼或其他組合，也能讓人在幾分鐘或幾小時內暫時恢復跟宇宙結合為一體的感覺。我們可以尋回那種跟大自然水乳交融，溫暖而朦朧的甜美感覺。

不過，這種與外界合而為一的感覺向來不持久，所花的代價也不值得。正如神話說的，我們真的回不去伊甸園了。我們必須向前衝過沙漠，可是旅途處處險阻，意識受痛苦煎熬，因此大多數人都盡早止步。只是找一個乍看很安全的地方，不願再跋涉遍地仙人掌、荊棘、鋒利石塊的痛苦沙漠。

富蘭克林曾說：「痛苦是學習的一部分。」但這種橫越沙漠式的自我教育造成的痛苦太大，他們還是儘早停止努力。

老化不僅是生理上的失調，也可能是心理上拒絕成長的表現，任何終生追求心理和心靈成長的人，都可以預防這種失調。那些很早就終止學習和成長，讓自己定型不再改變的人，往往陷入所謂的「第二童年期」。這種人喜歡無病呻吟、需索無度、自我中心，但這並不代表他們真的找到了第二個童年。事實上，他們從未脫離第一個童年，薄薄一層成年的粉飾很快就磨蝕殆盡，暴露出潛伏的孩童本質。

很多外表已成年的人，其實內在還是個情緒化的小孩。我之所以會有這樣的結論，並非因為來求診的人不及一般人成熟，相反的，尋求心理治療、真心渴望成長的人，恰好是少數有意擺脫不成熟，不願再忍受自己幼稚的有心人，他們只不過是一時找不到出路罷了。其他人反而可能因為從來不打算接受完全的成長，所以不願面對這個問題。

一九八〇年一月，我寫完《心靈地圖Ⅰ》一書後不久，曾巡迴各地推薦我的著作。我在華盛頓包了一輛計程車，去參加一連串電視和廣播節目，到過兩、三個電台後，司機問我：「喂，老兄，你是幹啥的？」

我告訴他，我在推廣一本書。他問：「書裡寫些什麼？」

我就談了一些書中有關整合心理學和宗教的道理。他聽了半分鐘後說：「嗯，聽起來好像人生的屁事還真有可能兜得攏。」

這人看來雖是粗人，卻天生就有一流的洞察力。所以到了下一個電視台，我就問電台人員，我可不可以談這件事，他們說不可以。我猜他們是反對「屁」這種字眼，所以就建議把它改成「大事小事」，可是他們仍然說不可以。

一般人就是不願意談真正的成熟，太痛苦了。

我願意談痛苦，並不代表我是個受虐狂。正好相反，我認為凡是沒有建設性的痛苦，都不值得忍受。如果頭痛，我一定會吞服兩大顆強效鎮痛錠，因為我絕不相信緊張引起的普通頭痛有何益處可言。

可是世間確實存在一種建設性的痛苦。面對成長的痛苦時，最需要學習的，是分辨無建設性和建設性的痛苦有何差別。像頭痛這種沒有建設性的痛苦，必須盡快排除；但建設性的痛苦，就應該在忍耐中克服。

我覺得把這兩種痛苦叫做「精神官能性痛苦」（neurotic suffering）和「存在性痛苦」（existential suffering）更為貼切。有個例子可說明我的區分方法。讀者可能還記得，佛洛伊德的理論剛在知識分子之間流傳時，曾遭到誤解，有一批前衛的家長，在發現罪惡感可能與精神官能症有關以後，就決心要教養一批不受罪惡感汙染的子女。這樣教育小孩是多麼可怕！監獄裡已經關滿了沒有罪惡感或罪惡感不夠強烈的人。人必須有一點罪惡感，才能在社會中生存，這就是我所謂的存在性罪惡感。

但我必須強調，太多罪惡感不但不能改善我們的生活，還會構成障礙，這就是精神官能性的罪惡感。這就像打高爾夫球，充其量只需要十四根球桿，但是你若背著八十七根球桿，在高爾夫球場上走來走去，那只是過多的包袱，應該盡快丟掉。如果這代表你需要接受心理治療，就該去看醫師。精神官能症的罪惡感沒有必要，只會拖累你橫度沙漠的腳步。

這種區分方式也適用其他形式的情緒痛苦，例如焦慮也有存在性和精神官能性兩種形式，必須先分辨清楚。

釐清問題的三步驟

面臨情緒痛苦和人生災難時，有一個很簡單但有點殘忍的規則，它只有三個步驟，但可以幫助你釐清問題、克服障礙。

首先，無論何時，只要你感到痛苦時，就自問：「我的痛苦（如焦慮或罪惡感）是屬於存在性或精神官能性？這種痛苦能改善我的生存，或設下重重限制？」或許十次中有一次，你無法回答這個問題；可是約有九成機會，只要你如此自問，答案就非常清楚。比方說，如果你急著想要準時申報所得稅，因為你曾因延遲報稅而被罰了一大筆錢，我可以保證，這種焦慮屬於存在性，那是好的，且聽從你的焦慮，準時報稅去。如果你認為你感受到的痛苦屬於精神官能性，會妨礙自己的成長，那麼第二步就是自問：「如果沒有這種焦慮或罪惡感，我會怎麼做？」第三步是把自己假設為不受焦慮影響的人，並以行動克服情緒帶來的痛苦。

這套規則最早被我用來克服自己的羞澀。羞澀是人之常情，但是我們可以用以上的方法，不為羞澀所困。比方說，當我在人群中聆聽知名人士的演講時常想提問題，詢問某種特定的資訊或發表某些評語。這些渴望原本是很自然的，可以當場或等演講結束後私下提出；但是我一直卻步不前，因為我太害羞，怕被拒絕或是讓自己顯得像個傻瓜。

經過一段時間，我終於問自己：「這樣受制於羞澀，什麼問題都不敢問，會改善你的生活或受限於它？」這麼一問，它對我的妨礙就一清二楚。然後我又問自己：「那麼，要是不再害羞，你會怎麼做？如果你是英國女王或美國總統，你會怎麼做？」答案很明顯，我會走向演講者，說出心中要說的話。所以我就告訴自己：「好的，你就走上前去那麼做吧！勇敢點，假裝你並不害羞，把該做的事做了。」

我承認這麼做滿恐怖的，可是勇氣就這麼產生了。令我感到不可思議的是，了解勇氣的人這麼少。大多數人都以為，勇氣跟恐懼不能並存，然而不恐懼不等於有勇氣；一個人如果什麼都不怕，多半是頭殼壞了。勇氣是你儘管害怕、儘管痛苦，還是繼續向前。這時候你會發現，克服恐懼不僅使你更堅強，而且還向成熟邁進一大步。

成熟是什麼？我在《心靈地圖 I》中刻畫了很多不成熟的人，但我從來沒有為成熟下過定義。在我看來，不成熟者的共同特徵是，只會坐著抱怨人生不能迎合他們的要求。巴哈（Richard Bach）在《夢幻飛行》（*Illusions*）中說：「為自己的極限辯護，你就永遠受制於它們。」至於那些臻於完全成熟之境的人，他們的共同特徵是，認為迎合人生的要求是自己的責任——甚至是絕佳的機會。

所有遭遇都是為了成長

在沙漠中走遠路，你必須願意面對存在的痛苦，努力克服它。要做到這一點，就必須先改變對痛苦的態度。而調整面對痛苦的態度最快的途徑，就是承認我們遭遇的每一件事，都是有助心靈成長的精心設計。

尼科爾（Donald Nichol）在所著《神聖》（*Holiness*）一書的導言中提到，如果有人看見你拿著一本談神聖的書走來走去，問你為什麼看這種書，你可能會回答：「嗯，我只是想知道權威人士對這個問題的看法罷了。」但尼科爾認為，除非你想要超凡入聖，否則你根本沒有任何理由買或借一本跟這題目有關的書，更不要說帶著這種書在人前招搖了。所以他認為，《神聖》是一本教人如何臻至神聖之境的自助書。在那本書約三分之二處，作者寫了很棒的句子：「一旦了解所有發生在我們身上的事，都是設計來教導我們有關神聖的道理，我們就立於不敗之地了。」

還有比這更好的消息嗎？我們已立於不敗之地，最終一定會獲勝的。我們遇到的每一件事都經過安排，目的是教導人在旅途中應該具備的知識，只要明白這一點，我們就勝算在握。

問題是，領悟這件事之前，必須先全面改變對痛苦及意識的看法。記得在伊甸園的故事中，人吃了善惡樹的果子，就開始有意識。意識自此成為痛苦的來源，但同時也是救贖的泉源，而救贖就是治療。

意識是痛苦之源，人若沒有意識，當然就不會覺得痛苦。一般人消除無建設性、不必要的痛苦，例如解除肉體痛苦最常用的方法，就是使用麻醉劑，使自己暫時失去意識，不覺得痛苦。

雖然痛苦完全由意識所引起，但救贖也來自意識，事實上，救贖就是意識變得愈來愈清晰的過程。意識愈清晰，代表我們愈深入沙漠，沒有像拒絕成長的人那樣掘個洞躲起來。一路前行，加諸肩上的痛苦愈來愈多——完全因為我們有意識。

此外，救贖是一種「治療」。在英文裡，救贖（salvation）跟軟膏（salve）同一字根，後者塗在皮膚上，可以止痛、止癢或消炎。救贖是一種治療或追求完整的過程。健康、完整、神聖都有相同的字根，基本上都代表相同的東西。

甚至佛洛伊德這樣老一輩無神論者，也承認治療與意識的關係，他曾說，心理治療就是使潛意識成為意識；換言之，也就是意識的範圍擴大。另一位心理學大師榮格進一步指出，拒絕面對意識的陰暗面，否定人格中我們不想承認、不願思考、不願意識的一面，並一再企圖把它掃到意識的邊緣，或把它一直埋藏在潛意識之中，是一種惡。

值得注意的是，榮格沒有說人性的陰暗面是一種惡，而是說不願面對它才是惡。拒絕其實是非常積極的行為，邪惡的人不僅是消極的無意識或無知，他們還下許多功夫保持無知和無意識，為達到這個目的，甚至不惜殺人或發動戰爭。

我承認，邪惡就像愛、上帝、真理這些字眼一樣，無法定義、說明。但有個較好的定義就是：邪惡是「好戰的無知」；好戰的潛意識。

越戰就是好戰的無知的極佳範例。一九六三、六四年，美國對中南半島政策開始顯得無效時，第一個反應就是，否認有問題存在。認為只要再投下幾百萬美元、再增援幾支特種部隊，情況就會好轉。可是結果呢？美方派出更多軍隊，死亡人數持續上升，暴行事件迭有所聞，美萊村大屠殺就在這時發生。政策失敗的證據不斷湧現，但美方還是視若無睹，甚至轉而轟炸柬埔寨，口口聲聲要爭取光榮的和平。

時至今日，即使真相已昭然若揭，還有美國人認為，從越南撤退是協商的一大成功。事實上，從越南撤軍根本沒有協商的餘地——美國是因戰敗而撤退。但很多人還是不肯正視這件事。

生命的綠洲

意識會帶來更多痛苦，但也帶來更多快樂。因為如果你走得夠遠，在深入沙漠的途中沿路就會發現一小叢一小叢的綠地，都是從來沒見過的小綠洲。如果繼續向前，會赫然發現沙下流動著清溪，再往前，甚至有可能實踐自己最終的使命。

如果你有所懷疑，不妨看看一個旅行到沙漠深處的人的體驗。詩人艾略特年輕時代就以描寫荒旱絕望的詩篇成名。他在一九一七年、二十九歲時出版的《普魯弗洛克戀歌》（*The Love Song of J. Alfred Prufrock*）寫道：

我老了……我老了……
穿褲子需要把褲管往上撩。
我該把頭髮往後梳？可有膽子吃桃？
我要穿起白法蘭絨褲，走在沙灘上。
我聽見美人魚唱歌，互相對唱，
我想她們不會對我唱。

要知道，詩中角色普魯弗洛克跟艾略特一樣，出身上流社會，生存在號稱高度文明的世界，卻也同時生活在心靈的荒原裡。所以五年後，艾略特又發表《荒原》（*The Waste Land*）一詩。全詩討論的就是沙漠，詩中充滿乾旱與絕望的意象，但也第一次出現小片的綠色，小而零星的植物的蛛絲馬跡、水的意象、岩石下的陰影等。

到五十歲前後，艾略特又陸續完成了《四首四重奏》（*Four Quarters*）等作品，第一首四重奏在一開始的時候就提到玫瑰園、鳥鳴、孩子的笑聲。他後來經常描寫極其豐富而濃郁的「綠意」，並完成若干神祕意味的詩篇，他的人生以非常愉快的方式告終，也頗受人稱道。

從早年的乾涸到晚年的豐足，艾略特的榜樣，對於仍然走在崎嶇人生路、跟痛苦搏鬥的我們，是一種安慰。人在旅途中確實需要慰藉，可是我們尋求的絕對不是快速的解脫。我曾親眼看見很多人假治療之名，用所謂的快速解脫互相殘殺。

他們這麼做的理由非常自私。例如，假設李克是我的朋友，他正承受著痛苦。因為他是我的朋友，我會連帶感到痛苦，可是我不喜歡受苦，所以很希望李克盡可能快點好轉，消除我的痛苦。我只給他某些簡單的答案，諸如：「哦，我很遺憾令堂去世了，可是你別難過，她上天堂去了。」或者：「啊，我也碰到過那個問題，你只要去跑跑步就好了。」

可是安慰受苦的人最好的法子，往往並不是設法消除痛苦，而是懷著願意分享的心陪在他身旁。我們必須學習傾聽和分擔別人的痛苦。我們的意識力愈強，就愈能看清別人玩的把戲、他們的原罪和企圖，同時我們也會更清楚意識到他們的負擔和哀傷。

隨著心靈的成長，我們會愈來愈能分擔別人的痛苦，然後會發生最不可思議的事——愈願意承擔別人的痛苦，就愈能感受到更多的歡樂。這趟人生旅程是如此值得走它一遭，這才是真正的好消息。

第二章　學習寬赦

寬赦是療傷的必要條件。
若不能寬赦傷害你的人，人生無法脫離自毀的狀態。

成長的一大重要過程在於學習寬赦。我們一輩子都在怪別人害我們受苦，而歸咎總是從憤怒開始。

憤怒是從大腦發出的強而有力的情緒。大腦遍布一小股、一小股的神經細胞束，稱為神經元中樞。在我們稱為中腦（midbrain）的部位，這些神經元中樞負責控制與製造情緒，神經外科醫師已能具體察知這些中心點的位置。在實驗中，接受局部麻醉的病人，躺在手術台上腦部接上極細的針尖電極，可發出千分之一伏特的電流。

舉個例子，我們腦子裡有個欣快中樞，如果神經外科醫師把針插在那個部位，發出千分之一伏特的電流，躺在手術台上的病人就會說：「哇，你們這幾位醫師好棒啊，這家醫院真好。再來一遍，好不好？」這種欣快感力量非常強大，海洛因之類的毒品，可能就是因為刺激到欣快中樞，所以人才會上癮。同樣的，還有憤怒中樞，神經外科醫師如果要刺激這個部位，最好先把病人牢牢綁在床上。

這些中樞都是經過數百萬年的進化，成為人類與生俱來的一部分，它們的存在都有一定的道理。比方說，要是切除一個小女孩的憤怒中樞，使她永遠不會發怒，這個小女孩可能會特別的柔順。可是試想，她讀幼稚園或小學一、二年級的時候，會發生什麼事？她可能會受盡欺侮、遭人踐踏，甚至送命。憤怒有其存在的必要：求生絕對少不了它。

人類憤怒中樞的運作方式，跟其他生物沒什麼不同。它基本上是一種領域感的機制，當其他生物侵入我們的領域時，就會發生作用。狗會跟侵入牠地盤的其他狗打架，人類也是如此，只不過我們對領域的界定比較複雜。除了地理上的領域認知，例如一見別人闖進院子，攀折花木，我們就會勃然大怒，另外還有心理上的領域，他人的批評也會使我們發怒。我們還有神學和意識型態上的領域，聽見別人批評我們的信仰或觀念，就不免生氣。

由於人類的領域感如此複雜而多樣，憤怒中樞幾乎無時無刻不在發揮作用，而且往往發作得不太恰當。有時即使是我們親自把別人請進我們的領域，也還是會發怒，我個人就有一次這樣的經歷。

二十五年前，我曾接受心理分析治療。當時我已開始對心理學和靈性之間的關係發生興趣，因為知道榮格對這方面特別有研究，所以特別找了一位榮格派的治療專家。問題是，他竟然用佛洛伊德派的方法處理我的病例，後來我才知道，這種療法確實比較適合我當時的症狀。

第一次見面寒暄以後，一連七次療程，這位專家沒有說過一句話，都是我一個人在說。我愈來愈不滿意，我付他一小時二十五美元的代價（這在當時是很大一筆數目），他竟「不費吹灰之力」就賺到這筆錢。終於，第九次治療時，我在談我對某件事的感覺，他開了金口。他說：「嗯，我不確定我是否了解你為什麼會有那種感覺。」我回了他一句：「你說你不知道我為什麼會有那種感覺，是什麼意思？」

他第一次向我的心理領域發出挑戰，我就怒火填膺，其實我付錢做治療，無非就是請他做這件事。

評斷之前先自省

人類的憤怒中樞不斷在暴發，而且往往在不該發作的時候發作，所以我們必須學習一套複雜的方法，以處理憤怒的情緒。

有時，我們在大發雷霆前應該先考慮：「是否我的脾氣可笑而不成熟，是我的錯。」有時我們該下結論：「這個人確實侵犯到我的領域，可是事出意外，沒有必要生氣。」或者：「好吧，他確實侵犯到我的領域，可是這沒什麼大不了，不值得生這麼大的氣。」可是偶爾也會有一次，考慮了幾天以後，覺悟到某人真的嚴重侵犯到我們的領域，那就有必要去找那個人說：「我不能忍受你的行為。」有時甚至有必要當場發火，給惹火你的人好看。

憤怒中樞啟動時，我們至少有五種對策。每個人不但該了解各種因應的方法，也需要學習在不同情況下，做出最適切的反應。這是一門極複雜的學問，一般人總要等到三、四十歲，才懂得如何處理憤怒，甚至還有很多人，終其一生都學不會呢！

在歸咎某人使我們發怒的同時，我們也在裁判那個人——他在某方面對不起我們，他有罪。

我十六歲時，贏得畢生唯一一次演講比賽，題目是「不要論斷別人，別人就不會論斷你」。我引伸耶穌的話說，我們不該對別人妄下斷語，結果贏了。

今天我已經不相信人一輩子能夠完全不論斷別人。我們對於跟誰結婚、不跟誰結婚，何時該介入子女的生活，雇用誰、解聘誰，都必須做判斷。事實上，人的生活品質，就決定於我們所做的判斷。

我不是反對耶穌。可是，他的話經常被人誤解。耶穌說的是「不要論斷別人，別人就不會論斷你。」他沒有說：「永遠不要論斷。」只是你每次做裁判時，就要準備接受別人的裁判。他接著又說：「偽善者！先取出你眼中的梁木，然後才能把你兄弟眼中的木屑看得更清楚。」意思也是要你在評斷任何人之前，都應該先反躬自省。

耶穌曾對準備用石頭打死通姦婦人的憤怒群眾說：「讓你們之中完全無罪的那個人，扔第一顆石頭。」結果群眾皆默然。難道因為我們都是罪人，就無人能扔石頭了嗎？我們就完全沒有資格歸咎或裁判任何人了嗎？事實上，沒有人扔石頭以後，耶穌對那名婦人說：「沒有人定你的罪嗎？那麼我也不定你的罪。」他說的就是裁判別人以前，應該先自省的道理。

儘管沒有人是十全十美，有時還是應該把石頭丟出去。例如我們可能需要告訴雇員：「這是你連續第四年無法達成預定的業績目標，這是我第六次逮著你撒謊，我恐怕只好請你走路了。」

開除一個人，是殘酷而痛苦的決定。你如何知道自己在正確的時機做了正確的判斷？如何知道歸咎某人是正確的決定？答案是，你不知道。可是你一定得先自我反省。雖然你可能發現，除了開除那個人之外，沒有其他選擇，可是也可能發現，你也有很多本來該做而沒有做的事，如果早謀對策，或許事態就不至於演變成這樣。

你必須自問：「我是否關心這個人和他的問題？我第一次發現他撒謊時，有沒有直接找他對質？或是我覺得這種方式太為難，一味放任，以致惡化到不可收拾？」要是你誠實面對這些問題，以後或許就能用不同的方式對待其他雇員，不需要再做同樣殘酷的裁判了。

人生沒有公式可循

如何能確知自我反省可以告一段落，歸咎和裁判的時機已至？我剛開始公開演講時，也不知道這一選擇是否正確，是否符合上帝的意旨？或者，我只是個沉迷在掌聲中的自大狂？我無所適從，長期陷於迷惘的痛苦。最後，終於得到了幫助。有次我跟邀請我演講的人談我的苦惱。約一個月後，她寄給我一首她寫的詩。她寫的時候並沒有想到我，可是詩的最後一句正好符合我當時的需要：

真相是我唯一的追求，
我必須償付的代價就是，
把問題問了一遍又一遍，
一遍又一遍。

從這首詩當中，我覺悟自己一直在尋求某種來自上帝的啟示，或者說一套解決生活問題的公式。祂應該會告訴我：「派克，你以演講為業吧。」或：「不行，你不准開口。」可是沒有公式可循，沒有簡單的答案，我知道每次我接到演講的邀請，每年我安排講課的日程，都必須一遍又一遍地問：「上帝，這是現在你要我做的事嗎？」任何人面臨痛苦的抉擇時，就只能提出這個問題，在千頭萬緒中尋索答案。

舉個例子，如果你身為十六歲少女的家長，某個週末，孩子要求你讓她在外玩到凌晨兩點，你會怎麼辦？一般家長有幾種反應方式。一種是說：「不行，當然不可以。十點以前一定要回家。」還有一種是說：「好啊，親愛的，只要你高興，什麼都可以。」我們可稱之為極右派和極左派的反應，但儘管這兩種反應各處極端，其間還是有類似之處。它們都是一成不變的公式化答案，家長可不經大腦作答，不花半點心思。

在我看來，好家長會先自問：「這個星期六晚上，我們該不該讓她在外頭待到凌晨兩點？」然後可能會回答：「我們不知道，我們規定她十點就得回家，可是這規矩是她四歲時訂的，現在可能已經不符實際需要了。不過她這個週末要參加的派對可能會供應酒類飲料，真教人擔心。但是再想想，她學校成績不錯，每天按時把功課做完，似乎滿有責任感，或許我們也該信賴她。可是，約她的那個男孩，在我們看來，是個十足沒出息的傢伙。該答應她還是不該答應？該妥協嗎？妥協到什麼程度？我們不知道。該放她玩到午夜、十一點、一點？我們不知道。」

其實，這樣的家長做什麼樣的決定並不重要，因為儘管他們的女兒對父母最後的決定不見得滿意，但她會知道，他們確實很重視她，確實考慮了她的問題。她也會知道他們真心愛她，父母為了與她有關而無從預知結果的事痛苦掙扎過，足證她在他們心目中的分量。

就因為如此，當別人問我：「你能否提供我一套公式，讓我知道什麼時候可以歸咎某人，什麼時候不可以？」我只能回答：「我沒有這樣的公式。」每個個案都是特例，都不一樣。若要尋求真相，你就必須提出問題。這麼做一定能找出正確的決定，可是同時也必須忍受無法確知自己的選擇是否正確的痛苦。

掌控意志良駒

當我提到尋求真相與上帝的啟示，這樣的類比絕非偶然。因為討論真理，就是討論某種比我們自身崇高的東西，也就是找尋一種「更高的力量」，並向它屈服。

在讀者把這論點視為原始的「宗教」觀念而嗤之以鼻之前，請容我指出，科學也是真理至上的行為模式。所謂科學方法，就是許多世紀以來，我們為了追求真理，透過一連串會商、討論、步驟所發展出來，用於對抗人類自欺傾向的方法。因此科學其實是隸屬於更高的裁判、更高的權力，也就是在「真相」之下。

甘地曾說：「真理是上帝，上帝是真理。」我相信上帝也是光明與愛，但祂可以跟真理畫下等號，絕無疑義。所以我認為，科學知識的追求縱然不能解答所有的問題，但是在向更高的力量臣服這一點上，也可視之為一種虔誠敬拜的行為。

而人之所以歸咎失當，最大的原因就是意志太強，且不肯向更高的力量屈服。我相信堅強的意志是人類最大的優點，雖然有了它不一定能擔保成功或善良，但是少了它卻幾乎保證會失敗。意志堅強的人接受心理治療的效果最好，他們對成長懷著神祕的渴望，可被視為了不起的資產和福佑。可是所有的福佑都有副作用，隨時可能變成詛咒，意志堅強最可怕的副作用，就是脾氣大——容易憤怒。

軟弱的意志就像在後院養的小驢，牠不可能帶來什麼損害，充其量只是嚼壞你的鬱金香，可是也幫不了什麼大忙。相對的，堅強的意志就像在後院養了十二匹蘇格蘭克萊茲代爾（Clydesdale）名駒，牠們強健有力，如果沒有良好的訓練、管束、控制，可能踏平你的房子；然而，如果好好訓練，你簡直可以靠牠們移山倒海。

可是意志要靠什麼控制？你不能用自己的意志控制意志，因為這樣等於沒有控制，你必須交由一個比你更高的力量來控制意志。

吉拉德．梅（Gerald May）在《意志與心靈》（*Will and Spirit*）一書的第一章「甘

心與任性」中，對有節制的意志和放蕩不羈的意志的區別，有很好的說明。任性代表不受拘束的人類意志，甘心則是堅強的意志，願意受更高的力量領導，或聽從召喚。

要不是因為你……

世上大好大惡之人，都自命擁有最高力量，並不是巧合。意志極端堅強就是一種惡。這種人非常自戀、自我中心、個人意志至高無上，他們最常不當而惡意地歸咎別人，不能——也不願——取出自己眼中的梁木。

只要有足夠證據證明自己的罪惡和不完美，而且無法對這些證據視而不見，我們通常就會承認自己有問題，並悔悟改過。我把不這麼做的人稱為「說謊之徒」（people of the lie），這種人最明顯的特徵就是自欺欺人，堅持對自己的錯誤和惡行視若無睹，也不在乎有多少證據指出他們的罪惡和不完美。證據不但不構成反省改過的動機，他們反而會用盡方法湮滅證據，運用所有的權力壓迫別人，貫徹自己的意志，保護病態的自我。這種明知故犯、嫁禍他人的行徑，就是他們最大的惡。

我們要了解，歸咎他人很好玩；發怒很好玩；憎恨也很好玩。跟所有帶來愉悅的活動一樣，它們會變成習慣——讓你無法自拔。

有關惡魔附身的文獻令我聯想到，無法自拔的情況會惡劣到什麼程度。文中描述被附身的人，坐在角落裡啃自己的腳踝。這使我想到中世紀時繪製的地獄圖，也有類似的畫面——遭天譴的人啃自己的腳踝。這似乎是非常不舒服的姿勢，我一直覺得著迷於啃腳踝沒什麼道理，但後來我讀到布許納（Frederick Buechner）的一本小書《一廂情願的思考方式：神學入門》（*Wishful Thinking: A Theological ABC*）。布許納一開始就在部首A下面列出「憤怒」（Anger）這一條，並且把它比喻成啃一根骨頭。總是還剩幾絲筋，還剩一點兒骨髓，總是還剩那麼一點，所以人就繼續啃個不停。唯一的問題是，人啃的那根骨頭就是自己！

歸咎他人會成為習慣；最後你會不斷啃那根骨頭，一遍又一遍，不斷提醒自己，別人多麼對不起你。因此，大多數「心理遊戲」（psychological game）都不妨稱之為「歸咎遊戲」（Blaming Game）。心理遊戲一詞，是已故心理治療大師伯恩（Eric Berne）在《人間遊戲》（*Games People Play*）一書中首創。

根據他的定義，心理遊戲是兩個以上的參與者，遵循一種彼此之間「默許的獎懲規則」，所從事的「反覆互動」。所謂反覆互動，不僅會讓人養成習慣，而且會使人停滯不前，浪費精力而沒有任何創造性。所謂默許的獎懲規則，不會公開說明，藏在表面下，代表在心理遊戲中，參與者不可告人、以操縱為能事的一面。

歸咎遊戲也可稱作「要不是因為你」遊戲，大多數人都玩過，這也是所有婚姻關係中最常見的遊戲。例如，瑪莉說：「我知道我囉唆，可是那是因為約翰老是築起一道情緒的高牆，我只有靠囉唆才進得去。都怪約翰，害我變成囉唆的女人。」約翰則說：「我知道我築了一道牆，可是那是因為瑪莉太囉唆。我必須靠這道牆保護自己，躲避她的疲勞轟炸。都怪瑪莉的嘮叨，否則我何必築牆？」

用寬赦結束歸咎

由此可見，這種遊戲有一種循環、重複的成分，周而復始，無法中止。伯恩說明如何結束心理遊戲時，提出一則絕不會自相矛盾的道理。他說：「結束遊戲唯一的方法，就是立刻停止。」聽來簡單，做來卻十分困難。如何停得下來？

記得怎麼玩大富翁嗎？你可以坐在那兒說：「這遊戲真蠢！我們已經玩了四個鐘頭，太幼稚了。我還有很多更重要的事等著去做呢！」

可是你一旦通過「前進」的格子，又會說：「兩百塊拿來！」

不論有多少抱怨，只要你還在收通過「前進」的那兩百塊，遊戲就會繼續。尤其只有兩個人玩時，除非有個人起身說：「我再也不玩了。」否則它就會永遠繼續下去。

另一個遊戲者可能會說：「可是，你剛通過『前進』。兩百元拿去。」

「不必，謝了。我不玩了。」

「可是，兩百元耶！」

「沒聽見我說嗎？我不玩了。」

結束遊戲唯一的方法就是不玩了。

結束歸咎遊戲的方法是寬赦。我知道這很難做到，但寬赦就是這麼回事：把歸咎遊戲告一段落，讓它停止。

如今，很多皈依「新世紀」（New Age）信仰的人，都不由自主地以為，寬赦是一件簡單的事；然而寬赦他人只有在一個人相信世上沒有邪惡存在的時候，才容易做到，可是這與事實相違。

這種錯誤的觀念可能是陷阱。心理醫師詹波斯基（Gerald Jampolsky）所著、非常受歡迎的新世紀著作《愛就是拋開恐懼》（*Love Is Letting Go of Fear*），是個很好的例子。他在書中談到寬赦這個重要的題目，可是我不滿意的是，詹波斯基把它說得太簡化了。他以偏概全地說，我們不應該論斷別人，應該多看他們的優點，尋覓他們心中的上帝，肯定他們。

我對以偏概全的論調一向提高警覺，因為它們往往讓人把事情看得過於簡單，反而惹來麻煩。我想起一位古代蘇非教派（Sufi）大師的警句：「我說哭吧，不是要你一直哭個沒完。我說不要哭，也不是要你永遠扮小丑。」不幸的是，很多新世紀運動（New Age Movement）的信徒相信，「肯定」就是「永遠肯定」。我同意，百分之九十的時候可以如此，但可能有百分之十的機會，當你面對像希特勒那種人時，肯定卻是最大的錯誤。

寬赦和肯定是不盡相同的兩回事。肯定是避免跟邪惡正面衝突的方法。它不啻是說：「好吧，就算繼父在我小時候對我性騷擾，但那不過是他的人性弱點，他小時候所受傷害的結果。」相對的，寬赦需要正視邪惡。它需要你對繼父說：「不論你有什麼藉口，你做的是錯事。你對我的冒犯是一種罪。我知道得很清楚，但我還是原諒你。」

這一點相當不容易做到。真正的寬赦是非常、非常困難的過程，但卻是維持心理健康不可或缺的要素。

很多人都身受我稱之為「廉價的原諒」之苦。他們接受心理治療，第一次跟治療師晤談時就說：「好吧，我承認我童年過得不美滿，可是我父母已經盡了力，我原諒他們。」但是較深入了解後，就發現他們根本沒有原諒父母，只是自以為做到了。

心理醫師治療這類型的人，第一步是讓他們審判自己的父母。這需要花很多功夫，起訴、辯護、求赦、再起訴，直到達成最後判決為止。因為這過程相當耗時費力，大多數人寧願選擇廉價的原諒。可是只有在宣判被告有罪以後——「我的父母沒有盡力：他們可以做得更好；他們對不起我」，真正的寬赦才有機會發揮作用。你不能因一個人沒有犯的罪而原諒他。只有在確定他有罪以後，才能寬赦。

當怨恨造成自毀

很多前來尋求心理治療的人都有受虐狂的傾向。我所謂受虐狂，不是指他們從肉體痛苦中獲得性快感，而是指他們會週期性用某種不可理喻的方式自毀。有一個典型的例子：某個聰明能幹的男子，他晉升得很快，才二十六歲就要成為公司裡最年輕的副總裁，但忽然之間他做出一件令人無法容忍的事，搞砸了自己的大好前程。由於他實在才智過人，所以不久就找到另一份工作，但在升遷前夕，他又犯了大錯被開除了。同樣的事發生第三次以後，他覺悟到自己在遵循一種週期性的自我毀滅模式，也就是被虐待的模式。

還有一名女子，她漂亮、聰明、迷人、能力強，卻老是跟注定不成器的男人約會。具有這種週期性自毀傾向的人，往往也習慣提供廉價的原諒。他們會說：「喔，我的童年生活是不怎麼樣，可是我父母盡了力。」

要說明為什麼廉價的原諒不管用，以及為什麼必須脫離自毀的陷阱才能真正寬赦，必須先指出這種受虐待傾向潛伏的因素，最好的方法就是觀察孩童的反應。

比如說，四歲的強尼想在客廳做泥巴派，媽媽說：「不行，強尼，不可以這樣。」

強尼堅持說：「可以，我可以。」

媽媽也堅持說：「不行，不可以。」

強尼眼眶裡含著淚跑到樓上，把房門砰地關上，抽泣起來。哭了五分鐘就停了，但他還關在房裡。又過了半小時，媽媽覺得該做些事逗他開心。她知道強尼最愛的就是巧克力冰淇淋，所以滿懷愛心地為他弄了一份冰淇淋，端到樓上，發現強尼還在角落裡生悶氣。

她說：「來吧，強尼，我替你準備了巧克力冰淇淋呢！」強尼大吼一聲：「不要！」一掌把冰淇淋打翻在地上。

這就是受虐待狂的反應。強尼可以得到全世界他最喜歡的東西，可是卻把它扔了。為什麼？很明顯的，當時強尼對母親的恨意已經超過了他對冰淇淋的喜愛。其實被虐待狂就是這樣，它是經過偽裝的虐待、仇恨，以及憤怒。

具有自毀傾向的患者，都在玩歸咎的遊戲。在某個潛意識層次，他們不啻在說：「看哪，我的父母（大多數情況都與父母有關）如何毀了我的一生！」他們的怨恨大多發洩在自己身上——他們最主要的潛意識動機就是讓全世界知道，某些混蛋如何對不起他們。要是他們身體健康、生活無虞、婚姻美滿，兒女都有出息，他們憑什麼說：「看哪，他們如何毀了我的一生！」不能了，對不對？可是有一個保持怨氣的辦法，就是讓自己一直保持在「被毀」的狀態。改變這種狀態唯一的出路，就是寬赦，真正寬赦傷害自己的人，這一點真的非常不容易做到。

為自己而寬赦他人

我有個病人，童年時簡直生活在人間煉獄裡。他試圖克服這段過去，提出質疑說：「要是我能直接告訴父母，他們如何傷害了我，然後向我道歉，我就能原諒他們，甚至只要他們肯聽我說也好。可是每當我說自己受到何等的傷害，他們會說一切都是我捏造的，拒絕回憶自己從前的惡行。我承擔了所有的痛苦。他們加諸我所有的痛苦，自己卻完全沒有受過苦，你還要我原諒他們？」

我會回答：「是的。」寬赦是療傷的必要條件，儘管這令人痛苦，但是他們若不寬赦父母，人生就無法脫離「被毀」的狀態，父母是否道歉、肯不肯聆聽，都不會改變現狀。

抗拒真正寬赦的病人，會給我幾種標準答案。他們會問我：「我們幹嘛老談這些壞事？我們一直在談我父母做的壞事，這很不公平，他們也做過好事，這樣不平衡。」

我會回答：「當然你父母做過好事。至少你還活著，要是他們什麼好事都沒做過，你早就沒命了。我們集中談壞事是因為薩頓定律（Sutton's law）。」

病人會瞪著眼問：「薩頓定律？」

我說：「這是以著名的銀行大盜薩頓（Willie Sutton）命名的。記者問薩頓為什麼搶銀行，他說：『因為那兒有錢。』」

心理醫師將注意力都集中在壞事上，因為那是所有治療的收穫所在，對病人也一樣，因為那是所有創傷和疤痕所在，也就是需要治療的部位。

我還聽過剛開始接受治療的人說過更幼稚的話，他們說：「你為什麼一定要挖掘這些事？何不把它忘記算了？」

因為人不可能忘記任何事。我們做不到真正遺忘，只可能做到真正寬赦。只不過為了逃避寬赦這苦差事，我們會努力不去想那些令人不快的事。

有些人會透過「壓抑」（repression）的心理機制偽造記憶，把某些親身遭遇的事，排除到意識之外。即使我們不能有意識地回憶這些事，它並不因此消失。事實上，它變成厲鬼出來作祟，使情況變得比保留記憶時更糟。

比方說，再三受到性侵犯的婦女，過去每週都被父親或繼父強暴，持續兩、三年之久，她有可能會真的忘記這回事。她們甚至不記得一點蛛絲馬跡，因為這段回憶完全被壓抑了。可是這些婦女最後不得不接受心理治療，通常是因為她們把自己的感情生活弄得一團糟。因為她們儘管不記得童年的經驗，卻擺脫不了它的陰影。

我們不可能真正忘記任何事，最好的法子是跟它和解，在某種程度上，我們可以記得它而不感到痛苦。所以要先回憶過去的罪行，接著是憤怒。憤怒就像把罪行起訴和審判，是不可或缺的一環。可是到某種程度為止，若再堅持憤怒下去，就是徒然傷害自己。

寬赦的過程，事實上就是寬赦最主要的理由——是為了自己好，而不是為了別人。對方未必有被人寬赦的需要。他們可能不記得自己做錯了什麼事，會說：「都是你編的。」也可能他們已經去世。寬赦完全是為我們自己，為我們的健康。但要是我們堅持發怒超出某種限度，反而無法繼續成長，靈魂也將開始萎縮。

第三章　擁抱死亡

死亡賦予生命意義，
因為人生有限，人才會一點一滴理解它的珍貴。

美國詩人桑德堡（Carl Sandburg）有首詩，題為〈對號〉（Limited）：

我乘坐一節對號快車，國內第一流的列車。
越過草原，奔向藍煙黑霧的是，
十五節純鋼打造、可容千人的客車廂。
（所有車廂會變成生鏽廢鐵，

所有餐車、臥車裡談笑的男女將會化為灰燼。）

我在煙塵中問一名男子他去向何方。

他答：「奧馬哈市。」

這首詩講的是死亡，它簡單扼要地點出一向為人們忽視的重要人生課題。不過我倒是從青少年時期，就開始跟死亡「戀愛」。說得更明白點，我有自殺的傾向，那是我對成長環境的反動。成長過程中，家中一直把虛偽的客套看得比什麼都重要——知道在餐桌上何時該用哪根叉子，是性命攸關的大事。

有一陣子流行在聖誕禮物上加一些嘲諷幽默的語句。我當時買了一件圍裙送我妻子，正面印著好大一隻野鴨，上方用大字寫道：「正確使用刀叉在真理之先」。我的童年就是這樣，父母非常重視表面的東西，他們告誡我不下數十次：「衣著代表了一個人。」可是失望很快就來臨了，因為世上到處都是衣著考究而思想空洞的人。

可能我天性叛逆，不過我很早就告訴自己：「別管那些表面功夫。到底什麼才真正重要？」我養成從事物表面下搜索真相的習慣，這對我一直很有幫助。我質疑人類生存最重要的本質時，心頭浮現的第一個答案，就是生命有限，每個人都難逃一死。

我跟死亡的戀愛就從這時開始。

成年以後，我覺悟到死亡或許未必是人類生存最重要的本質，但至少是第二重要。成長的一部分就是認清有生必有死，我們都免不了變成灰燼。

生命的有限使很多人心中充滿虛無感：既然大家都躲不掉死神，微不足道的人生還有什麼意義？我們或許能夠透過兒孫的記憶，多存在一陣子，但隔不了多久，經過幾代以後，記憶也會逐漸褪色而消失無蹤。

你或許讀過雪萊的名詩〈歐西曼迪亞斯〉（Ozymandias），他描述沙漠中一座巨大雕像的遺跡，台座上鐫刻著：

我名叫歐西曼迪亞斯，眾王之王；
看我的建樹，神明啊，你也得自歎弗如！

可是整座雕像只剩下台座與兩條沒有軀幹的大石腿，碎裂的臉龐半埋在沙中——沒有人記得這位老兄是誰。

所以即使你躋身少數能夠在人類歷史留痕的偉人之列，一世紀、一世紀過去，所有痕跡還是會消失。

莎士比亞筆下的馬克白歎道：「人生不過是條行走的陰影；一則痴人敘述的故事，只聞喧囂與憤怒，毫無意義。」

生命意義的賦與者

這麼說對嗎？人生毫無意義可言——即使有意義，也會被死亡席捲而去？真是如此空虛？我不以為然。死亡跟我們所想像的正好相反，它不僅不剝奪生命的意義，反而是意義的賦與者。

我愛上死亡，最大的作用就是讓我覺得此生充滿意義。如果你正為虛無感或倦怠感所苦，我所能提供的最好出路，就是嚴肅考慮結束自己的生命。死亡是很棒的情人，跟所有偉大的愛情一樣，它充滿神祕，帶來許多興奮與刺激。在跟自己的死亡之祕搏鬥的過程中，一定會發現人生的意義。

當然，很多人對於使自己死亡這觀念毫無興趣，他們連想都不願想。他們把它排除在知覺之外，以致意識也受到限制，變得狹隘。就像桑德堡的詩，那名男子的知覺非常有限，他只知道自己要去奧馬哈市，卻沒有想到人生旅途的終點其實是死亡。

你還會發現，不那麼受限的人——諸如傑出的作家和思想家——都早晚會開始對死亡著迷。史懷哲寫道：

人必須熟悉死亡，才能發展成為真正善良的人。死亡是我們應該時時刻刻思索的課題。當人生的道路帶我們到視野開闊之處，可以極目眺望地平線的盡頭時，千萬別閉上眼睛。讓我們停一下腳步，欣賞遠方景致，再繼續前進。思索死亡，愛生命的心情就會油然滋生。熟悉死亡後，我們會把每一天、每一週、都當作禮物。唯有用這種方式接納生命，才會一點一滴理解生命的珍貴。

這種死亡觀很少見。我從事心理治療工作多年，發現至少半數病人需要我逼他們面對自己終究會死亡的現實。事實上，規避的心態似乎就是他們疾病的一部分，他們覺得生命既令人厭倦，又教人害怕。他們盡量不去醫院探望朋友，看報一定跳過訃聞版，老是忘記寫信安慰遺族，夜裡常滿身冷汗地驚醒，夢見自己淹死了。除非我能使他們突破這些自殺的意識限制，否則他們就不可能完全痊癒。除非我們能坦然面對自己的死亡，否則就永遠不可能在生活中找到勇氣和自信。要是世界上沒有一件我們願意為之犧牲生命的事，生命就不完整。

坦然面對死亡

對意識設限有時會使生命殘缺不全。我剛開始執業時，有名男子慌慌張張地來找我，他的小舅子三天前才舉槍自盡，他害怕得甚至不敢自己到我診所來，是他太太牽著他的手來的。他一坐下就說個不停：「你知道，我的小舅子，他開槍打自己的腦袋。他拿那把手槍，我是說，就這麼簡單，一下子就死翹翹了。要是我有一把槍……我是沒有槍的，可是要是我有槍，而且我想死……那就只要——不是我想自殺，可是，只要——那麼簡單。」

我耐心聽他說，並告訴他，很明顯的，他的慌亂不是因為對小舅子之死感到哀傷，而是這次事件使他接觸到自己生命有限的事實與內心真正的恐懼。

他立刻反駁說：「哼，我才不怕死呢！」

他的妻子插嘴說：「親愛的，也許你該把靈車和殯儀館的事告訴派克醫師。」

接著他向我解釋，他對靈車和殯儀館有種特殊的恐懼症——甚至每天上、下班途中，他都會刻意多繞三條街，只為了避免經過一家殯儀館；只要靈車駛過，他一定會掉過頭去，或鑽進附近的建築物，最好是能躲到商店裡。

我說：「你真的對死亡很恐懼嘛！」可是他仍然堅持：「不，我一點都不怕死。只是靈車和殯儀館讓人看了不愉快罷了。」

就心理層面而言，恐懼症通常是「替代作用」（displacement）的機制所引起。這個人對死亡極端害怕，他無法面對自己的恐懼，所以就把它轉移到殯儀館和靈車上。

因為我常引用心理病人的情況舉例，讀者可能會以為這種人比較膽小、容易害怕，事實上並非如此；來接受心理治療的人，其實是我們當中最聰明、最勇敢的人。每個人都有困擾，可是人們往往偽裝問題並不存在，藉酗酒或其他方式對問題視若無睹；唯有既聰明又勇敢的人，才會接受治療，踏上自我檢討的困難歷程。

事實上，我們生活在一個否定死亡的「懦夫文化」裡。我曾聽說有某個小鎮，在一個高中生死於血癌，另一個高中生死於車禍以後，所有二、三年級的學生要求校長開一門討論生死學的選修課。一位牧師甚至自告奮勇為這門課設計講座、課程，安排講師，並代付授課費用。

可是所有新課程都必須經由校董會批准，校董會立刻以九票對一票將此案加以否決，理由是開這種課很「病態」。有三、四十人寫信到報社，對這項決案表示抗議，報社編輯也發表一篇社論，討論此問題。在一片要求校董會重新考慮的呼聲之下，校董會再次開會，再次以九票對一票否決了新課程。

所有寫信給報社的人、寫社論的編輯、校董會中唯一投票支持這門課的董事，都是正在或曾經接受心理治療的人。在我看來，這絕非巧合，這也足以證明接受心理治療的病人非但不比一般人膽怯，有時反而更勇敢。

可預測的風險

在否定死亡的文化中，死亡被視為意外，是毫無規律、毫無理由把我們打倒的東西，我們對它沒有絲毫控制力。因為我們那麼怕死，不敢接近死亡，把它看清楚，這使我們陷入惡性循環。事實上，死亡並不像我們想像中那麼可怕。

把死亡當作意外事故，這觀點完全是錯的。大多數人其實有能力選擇在何時、何地、以何種方式死去。也許這麼說令人震驚，但的確是事實。我們大多數人在某個層次或某種方式上，都會做這些選擇。我指的不是自殺，或其他可歸結為自殺的事件，也不是談酗酒者把自己醉死而後已，或不肯戒菸的肺癌患者，一些心身症患者也不在此之列。我談的是心臟病、癌症等生理疾病，而且有充分的科學證據支持我的觀點。

開心手術剛出現時，比現在危險得多，引起大眾矚目。結果發現，最能正確預測開心手術是否成功的人，不是心臟外科醫師，或心臟病學專家，而是心理醫師。一項相關研究中，心理醫師在手術前訪問病人，根據他們的回答，預測這些人是否能手術成功，並將他們分為高風險、中風險、低風險群。結果顯示，低風險群的病人被要求談論自己的心臟手術時，會說：「手術排在星期五，我怕得要命。可是過去八年來，我什麼都不能做。我不能打高爾夫球，老是氣喘吁吁。醫師說開刀後要是能捱過手術和復原期，只要六個星期，我就又能生龍活虎，打高爾夫去了。六個星期後的星期五，嘿，那就是九月一號囉。我已經訂好了球場，一大早八點我就要去打球，草上還有露珠。我心裡已經把每個洞的球道都想好了。」

但是換做高風險的一位女士，請她談談手術，她會說：「有什麼好談的？」心理醫師會提醒她：「你為什麼要動手術？為什麼需要做這種手術？」

她會說：「醫師叫我做的。」

「動完手術可以做很多事，你是否盼望這一天早日來臨？」

「我根本沒想到這一點。」

「過去八年來，你一直呼吸不順，沒辦法上街採購。你難道不希望再次享受逛街的樂趣嗎？」

「天啊，當然不。這麼多年不開車，我一定不敢開了。」

這項研究比較兩種反應極端的人，結果高風險群有百分之四十的人死亡，低風險群的人僅百分之二死亡。同樣的心臟疾病，同樣的外科醫師，可是死亡率相差二十倍，這在手術前就可以由他們與心理醫師的談話中預測。

史丹福大學的心理醫學專家西格爾（David Siegel）做了另一項結果驚人的研究，他調查兩組罹患惡性腫瘤轉移的婦女。第一組與第二組都得到標準的醫療照顧，但第二組同時還得接受心理治療。結果第二組較少焦慮、沮喪、痛苦的問題。這沒什麼了不起，真正令人意外的是，等到接受調查的婦女都逐漸去世，只剩三人存活時，西格爾發現，接受心理治療的人比對照組的人多活了一倍的時間。

求生意志的力量

數百年來，醫師一直知道有些罕見的偶發性個案——病人身上的癌症會自然消失。你一定聽說過，醫師為人動手術時說：「我們一開刀就發現癌細胞擴散得到處都是，只好再把切口縫合起來。這個人頂多再活六個月。」可是過了五年、十年，病人還活得好端端的，癌細胞消失得無影無蹤。

你可能會以為，醫師對這種罕見案例一定很著迷，會對它展開全面的研究與調查，可是他們並沒有這麼做。多年來，醫師一直堅持這種事不可能發生。直到十五年前，才開始做這方面的研究。根據科學的標準，現在要歸納出統計數據的意義，還言之過早，可是有跡象顯示，這些罕例的一大共同點，就是病人主動對自己的生活做重大的調整。他們一聽說自己只剩一年可活，有人就告訴自己：「人生就剩這些時間，我決定不再去ＩＢＭ上班了，我真正想做的是整修舊家具。我一輩子就想做這件事。」或「要是我只有一年可活，我還跟我那個既古板又嘮叨的丈夫住在一塊兒幹嘛？」下定決心改變生活形態以後，癌症就不藥而癒。

加州大學洛杉磯分校的幾位研究人員對這種現象百思不解，他們想知道，能否透過心理治療帶動病人生活上的改變，但苦於無法找到願意嘗試的病人。不過若是心理醫師真的去找被診斷為罹患無法動手術的癌症病人，對他說：「我們有理由相信，只要你願意接受心理治療，檢討自己的人生，做一些重大調整，就能延長壽命。」

可能一開始，病人會非常雀躍。「喔，你是第一個給我希望的人。」

如果心理醫師說：「有一群跟你一樣的病人，明天早上十點在四號房聚會。你願意來參加嗎？」

「好啊，我一定到。」

可是第二天早上十點，病人往往不會出現。醫師問他時，病人會說：「對不起，我忘記了。」

「你還有興趣嗎？」

「有啊！」

「明天下午三點，我們還有一次聚會，你有空嗎？」

「有啊，我會去的。」

病人還是沒出現。心理醫師決定再試一次，他忍不住說：「也許你對心理治療不是那麼有興趣？」

病人不得不承認：「我一直在考慮，可是我老了，學不會什麼新玩意了。」

這沒什麼好譴責的。每個人都會老，也都會對學習新東西感到厭倦，醫師一樣會如此。我常遇到受過良好教育的醫師，他們似乎認為，所有疾病只能有一種肇因，不是生理，就是心理的問題。他們無法想像疾病會像樹木一樣，可以同時有兩條以上的樹根。

心身苦痛相連

事實上，所有的疾病都受到心理、社會、生理等多重影響。當然也有例外，例如先天性疾病、腦性麻痺等。但即使是這些疾病，求生意志還是能大幅延長壽命，並改善生活的品質。

不幸的是，反之亦然。我駐紮在沖繩美軍部隊時，奉命治療一名懷孕期間劇烈嘔吐的十九歲少婦。我得知她成長於美國東岸，對母親有著病態的依戀。十七歲時，她曾被送到西岸跟舅舅同住，就出現嘔吐症狀。嚴重的嘔吐導致她必須回到東岸，之後就過得非常愉快而健康，直到她懷了一名士兵的孩子，兩人成婚後她就跟丈夫到沖繩定居。她一下機就開始嘔吐，沒幾天就進了醫院。

如果病人病情沉重，我有權基於醫療原因把他們遣送回國。我知道只要我送這個病人回家，她就會立刻停止嘔吐；我也知道，這麼做可能會使病人每次跟母親分離就出現的嘔吐症狀，更加根深柢固。

於是，我決定不送她回國，我告訴她：「你必須長大，學會脫離母親生活。」她病情一度稍見好轉，但不久又開始嘔吐，我再次告訴她，我不會送她回美國。她再次好轉，可以返家休息。但兩天後，她突然在寓所倒地死了。

她才十九歲，懷孕四個月，屍體經解剖，找不出死因。不消說，我對自己的決定深感後悔。可是我相信，不論基於什麼原因，她在人生的某個階段決心只做個小孩。我不肯讓她做小孩，所以為了不挑起責任，她死了。

過去研究人員以為思覺失調、躁鬱、憂鬱症等疾病應完全歸咎於心理因素，因此為它們描繪了一幅完整的心理學地圖。可是後來發現包括上述幾類的所有心理疾病，都有很深遠的生理因素淵源。結果導致某些心理醫師太過迷信生物化學，而把仍然管用的老式心理學智慧全然拋開。其實，思覺失調不僅是生理失調而已，心理、心靈、社會、生理都牽涉在內；癌症等疾病也適用同樣的道理，它們都兼具多種生理與心身的因素。

人類所受的苦痛心身相連，數百年來在語言中已經表達得很貼切。有種心理醫師稱作「器官語言」（organ language）的表達方式，反映出一種與心身觀念契合的智慧。諸如「這人讓我『頭』痛」、「柔『腸』寸斷」或「我的『心』碎了」。很多半夜送進急診室的病人，都是因為碰到令他們傷心難過的事，感到胸口疼痛，而不一定是心臟病發作。

脊椎問題與勇氣有關，這也會反映在語言中。我們會說：「沒骨氣」、「軟骨頭」、「背脊裡冒起一股涼意」。我大半生都有背痛的毛病，尤其是一種叫做椎關節黏連（spondylosis）的症狀，在脖子部位的骨頭老化得特別嚴重。我第一次診斷出有這方面的問題時，曾詢問神經外科和整型外科的醫師：「什麼原因造成我的脖子老化得這麼嚴重？」他們說：「可能你小時候摔壞過脖子。」

我從來沒有摔壞脖子。可是我告訴他們以後，他們只能說：「那我們就真不知道你的椎關節黏連是怎麼來的了。」我聽了很高興，因為幾乎沒有一位醫師願意承認：「我不知道。」

事實上，我自己倒相當清楚我的椎關節黏連是如何引起的。大約十三年前，我覺得脖子痛得要命，一條手臂癱瘓，後來還做了一連串神經外科的大手術。當時我告訴自己：「要是你不每隔幾年就動一次這種非常昂貴、又有生命危險的手術，到頭來，恐怕得把脖子切掉才治得好。你得想想看，自己在造成這種病上，扮演什麼樣的角色。有沒有可能是自己在助長病情？」

我願意提出這個問題以後，就立刻想到自己確實有這種行為。我覺悟到自己在執業時一直戰戰兢兢，唯恐樹立不必要的敵人。我曾遇到過敵意的對待，雖然從來沒有我預期的嚴重，但我的憂慮顯然不是毫無來由。我一輩子都像有強敵當前、採取守勢的足球員一樣，縮著脖子和腦袋。讓自己的脖子和腦袋保持那種姿勢三十年，當然助長椎關節黏連的產生了。

當然，任何事都不是那麼簡單的，大多數疾病都有好幾種起因。我父親、母親、兄弟雖然從不凡事強出頭，卻同樣都深受椎關節黏連之苦，只是沒我那麼嚴重罷了。

可見我的病情也有生物學——基因或遺傳的成分。我說過所有疾病的起源不僅有心身因素，還涉及到心理、心靈、社會、生理種種影響。

這不是我的創見，很多人已注意到疾病的心身因素，以致現代人一生病就有罪惡感。生個小感冒就產生罪惡感，當然沒有必要。可是如果你罹患嚴重的慢性病，倒不妨檢討一下，自問是否做過促使自己生病的事。

正視死亡的神祕性

再強調一次，並非所有末期癌症都是心身問題引起。像兒童癌症病房裡，觸目可及因腎上腺癌、神經管胚細胞瘤，或無法救治的胚性癌肉瘤而瀕臨死亡的孩童，我不認為那是企圖自殺的兒童的集中營。我也無意認定在飛機失事中喪生的人，是基於集體自殺的意願而故意搭乘同一班飛機，更不可能說二次大戰蒙難的六百萬猶太人，全是心甘情願放棄生命。可是如果我們只把死亡當作一場意外，就不僅忽視了大多數死亡的現實面，也忽視了它的神祕性。

人類了解死亡真相的里程碑，就是醫學博士庫伯勒．羅斯（Elisabeth Kubler-Ross）所著的《論死亡與臨終》（*On Death and Dying*）一書的出版。在這以前，探討死亡純屬神職人員的領域。醫師的興趣都放在生命上，而生命是活人的專利，死亡就交給殯儀館去處理吧。可是庫伯勒．羅斯勇氣十足地跟垂死的人交談，敢於問他們當時在想些什麼，對於死之將至有什麼感覺，她發起一場真正的革命。整整十年之後，全美出現了生死學課程；供人平靜等候死亡的安寧旅館，也以嶄新的面貌應運而生；彷彿她在堤防上開了一個缺口，洪水奔騰而出。

她的作品帶動其他出版品探討這個題目，包括穆迪（Raymond Moody）的《死後的世界》（*Life after Life*）、歐西斯（Karlis Osis）與哈勒森（Erlendur Haraldsson）合著的《死亡的剎那》（*At the Hour of Death*），談的是人在死亡當時或瀕死經驗，他們的研究所得有驚人的相似之處。身兼科學家與心理醫師的穆迪說，絕大多數記得瀕死經驗的人，都經過下列過程，只是程序上或許有些不同。

首先，他們記得彷彿從天花板俯視自己的軀殼躺在床上，很清楚地看見護理師、醫師在做什麼。接著他們被一股力量席捲，以極快的速度通過某種黑暗的甬道。出了甬道，他們面對一道光，大家都認為這就是上帝或耶穌。那道光要求他們反省自己的一生，於是他們發現自己把人生搞得多麼糟，可是祂滿懷愛心、赦免一切。然後光命令他們返回人世，他們很不情願，可是必須服從。

穆迪指出，很多有這種經驗的人本來不信神，後來卻變得非常虔誠。他們全都相信死後的世界，對死亡的恐懼也大為減退。

這不是很有趣嗎？我們若能在近距離直視死亡，就發現它遠不及我們想像中那麼可怕。不過這個發現未必能令你覺得好過一些，你可能會反問：「這跟此生有什麼關係？我們短暫的生命有什麼意義可言？」要是你問這種問題，我相信你已經察覺此生有限，正在尋覓人生的意義。假設尋覓的本身就是有意義的事，是我們生存的一部分原因，有沒有可能人生就是為了尋覓某種東西？要是答案是肯定的，那麼死亡就是尋覓的動力。

我在跟死亡神祕搏鬥、尋覓此世生命意義的歷程中，已經找到了所追求的——我體悟到出生是為了學習。我們遭遇的每一件事，無非是幫助我們學習，而最能幫助我們學習的就是死亡。

我也發現，人類擁有最理想的學習環境，實在很難設計出一個比人生更適合學習的環境。心情沮喪的時候，我會覺得今生今世就像天降的魔鬼訓練營，人生之路上，安排許多陰險的障礙，都是為了幫助我們學習。

人在有完成期限時效果最好。這也是我在做心理治療時，常應用在團體治療上非常強大有效的技巧。每當團體的成員表現得無所事事，我就會找一天宣布：「各位，我要在半年之內結束這個團體。你們只剩六個月的時間了。」說來難以相信，但是那些本來閒坐著的人，接到限期就會開始動作。

在個別治療中也一樣，限期頗能發揮作用。結束病人與治療者之間其樂融融的關係，有時可以象徵死亡，這給了病人一個平時碰不到的、克服死亡的機會。

死亡之鐘敲響時

庫伯勒．羅斯發現，垂死的人會經過下列幾個階段：

- 否定
- 憤怒

- 討價還價
- 沮喪
- 接受

第一階段是否定，病人一開始會否定病情。他們說：「實驗室裡一定有人把我的化驗結果跟別人弄混了。不可能是我，這種事不可能發生在我身上。」可是這一招用不了多久，因此他們開始變得憤怒。他們對醫師、護理師、醫院、家人、上帝，都感到憤怒。

憤怒也沒有用時，就開始討價還價。他們說：「也許我回教堂，恢復禱告的習慣，癌細胞就會消失。」或「要是我改變，善待孩子，腎臟病情就會改善。」眼看這些方法沒有得到預期的效果，發現自己真的會死，這時，他們會變得非常沮喪。

要是他們支持下去，完成所謂的「克服沮喪」階段，就能超越沮喪，進入第五階段接受期。處於這一階段的人，心靈十分平靜，甚至覺得輕鬆。接受死亡的人從內心煥發光芒，彷彿他們已經死過，在某種心靈層次上得到重生，那是很美的景象。

但這種事不常發生，大多數人沒能在美妙的第五階段中死去。他們去世時仍然在否定、憤怒、討價還價、沮喪的循環中。因為克服沮喪的過程，有太多艱難痛苦，很多人一接觸就撤退，繼續回到否定、憤怒、討價還價。

雖然當時庫伯勒沒有進一步探討，不過人類在心理或心靈成長上，每跨出重要的一步，都必須經過相同的程序；只要我們在人生荒漠中向前跨出一大步，只要我們有重大的進步，都會經過否定、憤怒、討價還價、沮喪、接受的過程。

舉個例子，試想，如果我人格上有個嚴重的缺點，朋友開始批評我。我的第一個反應是什麼？我會說：「他今天是不是吃錯藥了？」或「他一定跟老婆吵架了，真是無妄之災！」我們會先否定。

要是他們繼續批評我，我會說：「他們憑什麼管我？他們根本不了解我的立場，為什麼不管自己的事就好了！」我甚至會當面對他們這麼說，這是憤怒。

可是要是他們真的關心我，繼續批評我，我會開始想：「咦，我好久沒稱讚他們了。」我會不斷地奉承他們、對他們微笑、希望藉此讓他們住嘴，這是一種討價還價的方式。

但要是他們不屈不撓繼續批評我，那麼或許我最終會開始反省：「難道他們是對的？難道我真的有什麼缺點？」如果答案是肯定，那可真教人沮喪。可是要是我能多反芻一下這令人沮喪的念頭——要是我能思考、分析、辨別、認清這個缺點，就可以著手改正，使自己不再犯這種錯誤。克服沮喪之後，我就通過整個過程，成為一個嶄新的人，一個重生的、更好的人。

視死亡為盟友

羅馬哲學家塞內卡在兩千年前曾說過：「人一生中不斷學習生存，不可思議的是，人的一生中，也必須學習死亡。」學習生活和學習死亡其實是緊密相連的。學習生活一定要面對死亡，因為死亡讓我們記住生命有限，意識到時間苦短，才會好好把握當下。

卡司塔尼達（Carlos Castaneda）著作中的墨西哥印地安人導師唐望，把死亡視為盟友。照唐望的說法，人需要經過一番角鬥，才能結為盟友。同樣的，我們必須跟死亡搏鬥，掙脫它神祕的糾纏。如此，我們才能不斷地從它那兒獲得睿智的忠告，獲益匪淺。

在西方文化中並不習慣把死亡當作盟友。印度教和佛教等東方文化中，死亡反而比較受歡迎。在這些宗教的輪迴轉世觀念裡，死亡就是一切的目標——人必須不斷輪迴再生、出世、再出世、又出世，直到我們學會這個世界裡該學的所有事物為止。只有到那時，我們才能脫離生命輪迴，平靜地長眠。

在輪迴理論中，生命的意義也就是學習。事實上，沒有證據顯示印度教徒或佛教徒比較不怕死，怕死很正常。死亡就是進入未知的世界，害怕進入未知是健康的反應，不健康的是企圖忽視它。

我常聽無神論的朋友批評，宗教是老年人的枴杖，幫助他們面對死亡的神祕和死亡將至的恐懼。我認為這種觀點有一部分很正確，成熟的宗教總是從解答死亡之祕開始。但把宗教稱作枴杖並不正確，好像面對一個沒有神、沒有死後世界、沒有意義的人生，就更勇敢似的。

信仰宗教而能承認死亡的重要性，從而坦然面對死亡，才更勇敢。無神論者聲稱死亡無非就是心跳停止，這是逃避的心態。他們不想接近死亡，看清它的真貌。

大多數有宗教信仰的人對於解答自身死亡的神祕，也不見得比無神論者更感興趣。很多上教堂的人奉行的是膚淺、因循、人云亦云的宗教，可是人不可能透過父母了解上帝，必須自行建立跟上帝的關係。我們不能讓別人，如牧師、領袖、父母為我們解答死亡之祕。人生的心靈之旅，有些部分必須獨行，這也包括探尋死亡之祕，別人不可能替你做這件事。

很多有宗教信仰的人把死亡問題視同瘟疫，避之唯恐不及；很多基督教派系的十字架上沒有耶穌。如果詢問他們什麼緣故，他們會說，這麼做是為了強調「復活」戰勝「釘十字架」。可是我經常懷疑，他們只是不想看流血與傷口，不想把死亡擺在眼前，提醒自己這一天終將來臨。

斬絕自戀情結

可是我們為什麼總是對死亡有過度的恐懼呢？

主要是因為自戀，這是複雜的現象。自戀一方面屬於我們求生本能，有其必要性，但過了童年期還有這種心理存在，就有自毀的危險。漫無節制的自戀是心理與心靈疾病的主要前兆；健全的心靈生活是脫離自戀的漸進成長。不過，停在自戀而長不大的現象很普遍，造成極大的破壞。

心理醫師把自尊受傷稱作自戀傷害。所有自戀傷害中，死亡最嚴重。我們不時受到小規模的自戀傷害：例如，同學笑我們笨、申請大學入學時被拒絕、被炒魷魚、子女反對我們等等。這些自戀傷害也許使我們難受。可是沒有比自己即將從世間消失一事，對自戀和自滿構成更大威脅，所以人會怕死其實是理所當然的。

有兩種方式面對死亡的恐懼：一般的方式和聰明的方式。一般的方式就是不去想，限制自己對死亡的知覺，努力將其置之度外。這一招在年輕時很管用，可是耽擱愈久，它就逼得愈近。過了一段時間，每件事都開始提醒自己死亡的存在，孩子畢業、關節痠痛老化……。我們愈是遲遲不面對死亡，就愈覺得老年可怕。

聰明的方式就是盡早面對死亡。若是這麼做，我們會發現一件相當簡單的事：只要克服自戀（也許永遠不能很徹底），還是能幫助我們克服對死亡的恐懼。做得到的人，死亡對他們的心理和心靈成長就有所幫助。他們會想：「既然難免要死，我何苦對愚蠢的舊我依依不捨？」於是他們會在人生旅程上不斷精進，向前邁進。

這不是一段好走的旅程。自戀無所不在，但愈能除去自我中心、自以為是的想法，就會發現自己不但愈來愈不懼怕死亡，愈來愈勇於面對生命，也變得更富於愛心。隨著日漸能把自我拋在腦後，我們會開始經驗從未經歷過的、深沉而持久的幸福感。

這是所有偉大宗教的主要訊息：學習死亡。它們一再告訴我們，擺脫自戀的道路也是邁向意義的道路。佛家和印度教都藉著討論「無我」的重要性，表達這樣的觀念。這兩種宗教都把自我當作幻象，耶穌的論點也很類似：「救自己生命的人（也就是抓著自戀不放的人），必將失去生命；為我而喪失生命的人，必能找到生命。」

第四章　品味神祕

人類的知識像一葉扁舟，在神祕無知的汪洋中漂泊，
唯有喜愛神祕的人，才能真正活在現實世界。

我有一位不曾謀面的導師——我透過一則發人深省的小故事知道他的事蹟。他是猶太教士（rabbi，拉比），住在俄國一個小鎮上。他思索最艱深的宗教和心靈問題達二十年之久，終於獲致一項結論：我不知道。

這之後不久，他穿過村中廣場，到會堂裡去禱告。那天早晨，正巧小鎮的警長心情不好，想找他出氣，於是對他喊道：「喂，拉比，你見鬼的想到哪兒去？」

教士回答說：「我不知道。」

警長一聽，怒火更熾。他暴喝道：「什麼叫做你不知道？每天早晨十一點，你都跨過廣場到會堂去禱告。現在正好十一點，你朝會堂的方向走，竟敢說不知道自己要去哪兒？你想愚弄我嗎？我要教訓你。」

於是警長揪著教士的衣領，把他抓進當地的監獄。他正要把教士扔進牢房時，教士回頭對他說：「看吧，真的不可能知道。」

神祕難測的宇宙

我同樣要說「我不知道」。沒有人能知道，因為我們生活在一個神祕不可測的宇宙裡。正如愛迪生所說：「我們對百分之九十九的事物的了解，不到百分之一。」

不幸的是，很少人覺悟這一點，大多數人都自以為懂得很多。我們知道自家的住址、電話號碼、身分證號碼；知道上班和回家的路；知道汽車靠引擎運作，只要用鑰匙點火，車子就會發動；知道太陽早晨升起，黃昏落下，明天會再次升起。到底有什麼好神祕兮兮的？

我本來也是這麼想。在求學的時候，我常惋惜醫學界已經沒有尚未開拓的疆域，所有重大疾病都已經被發現，似乎我再怎麼徹夜工作，也沒有機會完成裨益人類的新發現，成為另一個沙克了。

當了幾個月新鮮人，有次我們去聽神經學系系主任的一堂課。他在圓形大講堂裡，用一個幾乎全裸的可憐傢伙充當示範，以極為精確而巧妙的神經解剖技術向我們說明，這個人所受的痛楚，是因為小腦、脊椎受過傷，這樣的教學真令人歎為觀止。但在下結論的時候，一位同學舉手說：「教授，這個人為什麼會受傷？他生了什麼病？」系主任深深吐一口氣說：「這個人的病叫做 idiopathic neuropathy。」我們下課後趕回宿舍翻教科書，查這個名詞是什麼意思，發現它的意思就是：不明原因的神經系統疾病。

於是我們知道，世上還是有一些罕見而不明原因的神經系統疾病、不明原因的溶血性貧血症、不明原因的種種病症，我們對之了解甚少。不過，幾乎所有的重症都已經不是祕密。我就讀醫學院期間，經常有疑問，可是教授都能解答。我從來不曾聽一位醫學院教授說：「我不知道。」我不見得每次都了解他們給的答案，只以為那是我的錯，很明顯的，我可能永遠不能完成醫學上的大發現了。

擁抱未知的世界

離開醫學院將近十年後，我卻完成一項醫學上的重大發現：我發現我們對醫學幾乎是一無所知。之所以有這項發現，是因為我不再問：「我們知道什麼？」而是問：「我們不知道什麼。」我一開始問：「我們不知道什麼？」所有我以為我已經關閉的疆域就又重新開放，領悟到其實人類還生活在一片草莽未闢的世界裡。

舉個例子，流行性腦脊髓膜炎（meningococcal）是種雖不尋常，醫學界對其卻知之甚詳的疾病，每年冬季平均每五萬人會有一人罹患此症。你隨便問一位醫師，流行性腦膜炎是由什麼引起，他可能會說：「喔，當然是腦膜炎雙球菌囉。」在某種層次上，這麼說也對，這種疾病的死亡率約百分之五十，另外百分之二十五會造成患者永久性殘廢，如果解剖這種疾病病患的屍體，打開腦殼，就會發現包在大腦外面的腦膜都灌滿了膿。如果把膿放在顯微鏡下觀察，就會看見不計其數的小生物，那些就是腦膜炎雙球菌。

但是，要是我從老家康乃迪克州新普瑞斯東鎮的居民喉部取得一些物質做培養，或在任何一個北方城鎮居民喉部採樣，就會發現百分之八十五的樣品都含有這種細菌。但是從去年，甚至好幾代以來（也許好幾代以後），新普瑞斯東鎮都沒有人罹患流行性腦脊髓膜炎，更不要說死於這種病。

那麼這種相當普遍的細菌是如何、又為什麼能在四十九萬九千九百九十九人身上存在，沒有造成傷害，但闖入一個往往本來是個健康人的大腦裡，引起致命的感染呢？

答案是：我們不知道。

書本上記載的每一種疾病都是如此。舉個較為常見的例子，大家都知道，抽菸會導致肺癌。可是有些從來不抽菸的人，也得了肺癌而死去。還有一些人，像是我祖父，他是個老菸槍，卻活了九十二歲，沒有得肺癌。顯然除了抽菸之外，還要加上什麼東西才會引起肺癌。那東西是什麼呢？答案再一次的是：我們不知道。

這不僅適用於所有的疾病，也適用於療法。我執業時，有些病人在我開了某種處方後，會問我：「派克醫師，這種藥有用嗎？」我會告訴他們，它會改變他們腦中某種化學物質的平衡，這樣就能讓他們滿意。可是某種化學物質究竟如何改變腦部的平衡，使憂鬱的人少沮喪，或使思覺失調的人思考得清晰一點？答案是——你猜到了——我們不知道。

現代物理可說始於牛頓，蘋果掉在他頭上時，他不但發現了萬有引力，還發展出一個數學公式。現在人人都知道物體之間有吸引力，這股力量的大小跟兩物體質量之和成正比，跟它們之間距離的平方成反比。這已經定義得夠清楚了吧？

可是為什麼呢？為什麼物體之間會有引力？為什麼會有力存在？它的成分是什麼？答案是：我們不知道。牛頓的數學公式只是描述現象，可是這種現象為什麼會存在，它如何運作，我們不知道。當今這個時代號稱科學昌明，可是我們甚至不知道人為什麼能牢牢站在地面上。

可是一定有人知道些什麼吧？我說過，數學的定義很清楚，數學家一定知道真相。我們在學校裡學過：兩條平行線永不相交。可是我大四的時候，有一天聽人談起黎曼幾何。黎曼（Bernhard Riemann）是位德國數學家，他在十九世紀中葉提出一個疑問，「要是兩條平行線相交怎麼辦？」基於平行線相交的假設，再加上對歐幾里得原理做了幾項修正，他發展出一套截然不同的幾何學。這聽來比較像一種知識練習或遊戲，有點像計算多少天使可以在一根針尖上共舞之類的，可是愛因斯坦的科學理論（包括相對論和原子彈的發明）大部分都是以黎曼的理論為依據。

幾何學的發展充滿無限可能，從黎曼的時代開始，數學家們又發現了六種有實際功能的幾何學，所以一共有八種有實際功能的幾何學。哪一種才是真的？我們不知道。

破除幻想

心理學的發展又是如何呢？有人把心理學比做煉金術。早在煉金術盛行的時代，當年的科學家就是煉金術士，他們試圖把廉價金屬變成黃金，當時世人只知道世界上有四種「元素」：土、空氣、火、水。直至今日，元素週期表上有一百多種基本元素，在科學上，可說有相當的進步，可是心理學還是處於煉金術的黑暗時代。

舉個例子，婦女解放運動的前提就是，男女之間存在種種無法從解剖上看出的異同。這些異同是怎麼來的？有多少屬於文化或社會因素，多少屬於生物因素？我們不知道。人類發展至今有辦法毀滅整個地球，卻仍然無法知曉性別是怎麼回事。

或者可以人類特有的好奇心為例，這跟神祕的關係頗為密切：是否所有的人生而具有同等程度的好奇心，或各人天生的好奇心程度不一？好奇心可以遺傳嗎？或者它是文化提供的一種訓練？一種可以灌輸、可以戒除的行為？我們不知道。再一次，有關這項人類最重要的特質，科學研究還沒有揭露謎底。

人類所知如此有限，簡直可說是什麼也不懂，為什麼還到處表現得一副無所不知的神氣？有兩個理由：因為害怕，也因為懶惰。

想到我們真的什麼都不懂，不知道自己在做什麼，要往哪裡去，活得還像一個在黑暗中摸索的嬰兒，真的很可怕。所以創造出自己是萬事通的假象，可以安心。

我們也因為懶惰而生活在幻象裡。一旦覺悟自己的無知，我們若不是承認自己愚蠢，不然就得一輩子辛苦學習。大多數人既不肯承認自己笨，也不願為任何事辛苦一輩子，所以還是躲在自命無所不能的幻想背後比較舒服。

但幻象畢竟是幻象，它不真實。我在《心靈地圖I》裡為心理健康下的定義是：不計代價、不斷為追求真相努力不輟的過程。所謂「不計代價」，也就是不計較真相會令人多麼不舒服。

現代人逃避痛苦的特質，對心理健康沒有很大幫助。每當有人情緒沮喪，我們會說：「可憐的傢伙，他的幻想破滅了。」其實我們該說：「這傢伙真幸運，他的幻想破滅了。」可是我們竟然說：「可憐的人哪，現在他看到了事情的真相，真可憐。」好像知道真相是什麼壞事似的。同樣的，當一個人接受心理治療，終於能接受童年曾經被騷擾或遺棄的事實，我們不能說：「喔，好可憐！」因為他們所經歷的痛苦會讓自己更健康。

當然，所有的規則都有例外，我非常支持心理醫師所謂的「健康的幻想」。比方說，一個醫師心臟病突發，他死於加護病房的機率，可能是其他人的兩倍，因為他知道各式各樣在治療過程中可能發生的差錯。換作是別人可能會說：「不過是心臟病發作罷了。」所以有時候幻想也會有益健康。

整體而言，我認為還是讓幻想破滅比較好。我們愈能適應現實，生活就愈有意義。唯有喜愛神祕的人，才能生活在現實世界。現實的真相就是：我們的知識像一葉扁舟，在無知的大海、神祕的汪洋中漂泊。坐在扁舟上的人要是不喜歡水，可真是不幸。他們要改變運氣，唯一的法子就是設法去愛神祕。要是他們能縱身跳入神祕之中，游泳、戲水、漱漱口、品嘗它的味道，那他們就走運了。

喚醒休眠的好奇心

心理不健康、不成熟的人的一大特色，就是他們對神祕不感興趣，或相對的缺乏好奇心。我在精神病醫院所見所聞，最令我感到不安的不是病人表現得瘋狂、暴怒、恐懼、痛苦、沮喪，而是他們的冷漠。有時這是藥物所造成的，可是極端冷漠往往是心理疾病的主要特徵。

下雪時，健康的人會有什麼反應？他們會到窗口張望，說：「嘿，下雪了。」或「哇，雪下得好大呀。」或「哎呀，暴風雪來了。」可是在精神病房裡，要是有人說：「下雪了！」病人通常的反應是：「別打擾我們玩牌。」或不願打斷他們正沉浸其中的幻想。他們不願起身走到窗前，也不想一窺雪的神祕。

精神疾病還有一種現象，就是患者完全無法容忍神祕，所以他們會為根本無法解釋的事，編出各式各樣的解釋。

舉個例子，幾年前我接到一封哀痛逾恆、長達八頁的信。第一頁寫得很有組織，信中提到他的兒子罹患霍奇金氏病（Hodgkin's disease），之後，信就寫得愈來愈語無倫次。他說：「你當然知道，對吧，派克醫師。古人發現，每個人都有一個透明的影子，時時刻刻跟我們在一起，我們的肉身跟它不斷進行離子交換作用，而疾病就是交換時出了問題而引起。」

這種奇異的理論未必一定錯誤，可是到目前為止，科學上還全然拿不出一點證據。所以在某種意義上，可說是這個人對他兒子患病的一種解釋。或許解開這個祕密能帶給他某種安慰，可是他十分有把握的口吻，無疑是出於百分之百的幻想。

相對的，熱中追求神祕、好奇心旺盛，是心理極端健康的人的標準特徵。他們對類星體（quasars）、思覺失調症、星宿等大自然各種現象充滿了好奇，每件事都吸引他們。但是大多數人是介於極端健康和極端瘋狂之間，大多數人的好奇心都處於休眠狀態。

要探測內心世界，先得成為探險家。身為探險家，必須先對神祕有興趣。探勘美國西北的先鋒探險家，他們追尋的是阿帕拉契山脈彼端的神祕；太空人追尋的是外太空的神祕。接受心理治療的病人追尋的則是自我內心的神祕。如果在治療過程中，病人對自己童年的好奇心被激發，開始探索塵封的記憶和某些經驗、事件對他人生的影響，遺傳基因、氣質、傳統與文化的祕密，還有他的夢以及夢的意義，那麼治療就能發揮強大的效用。另一方面，如果治療過程中，病人對傳統、基因、童年、夢等神祕的好奇心沒有覺醒，那麼他的旅程就不會有進展。

我用「覺醒」一詞描述人對神祕的興趣，因為我相信在某些人身上，對神祕的興趣是可以培養的，就像品嘗威士忌一樣。培養這種興趣的好處無限多，愈暢飲神祕之泉，它就更加源源湧出，無虞匱竭；而且不論喝多少，都不會有宿醉的後遺症，亦無需付費。這是我十分樂意推薦的嗜好。

放膽闖進未知與神祕

在現實生活裡，探究神祕不僅是心理保健的目標，也是性靈之旅的目的地。所謂性靈之旅，無非就是一場人生「真正」意義的追尋。我們追尋的是「真正」的上帝。宗教有個令人困惑的地方，每個人信教都出於不同的理由。有人為了接觸神祕而受宗教吸引，也有人為了逃避神祕而接觸宗教。

我不打算指責那些藉宗教逃避神祕的人。因為就是有些人在心理和心靈發展過程中（例如加入戒酒協會的酒鬼，或剛下決心過道德生活的罪犯），需要黑白分明、教條式的信仰和原則，做為生活的指南。而心靈完全成熟的人不會抓著教條不放，他們是探險家，能抱持科學精神，同時又盡力探索現實世界。

我們努力了解現實，頗像一個試圖了解手錶內機械結構的人。雖看見錶面指針在移動，還聽見滴答聲，可是沒法子把錶殼打開。要是他夠聰明，也許能揣摩出一幅造成他所觀察到的所有現象的機械圖；但他永遠無法確知，他構思的圖是否就是唯一解釋，也永遠無法拿它跟真正的機械構造比較，甚至想像不出這種比較會有多大的意義。

上面這段話是愛因斯坦寫的，很多人說，他懂得的東西超過世界上任何人，他的名字就是天才的同義詞。他寫道，我們可以觀察、編纂理論，可是永遠不會知道現實的真相，我們只能接近。

心靈之旅是一場追尋真理的歷程，就跟科學追求真相一樣。完全成熟的人必然是真理的追尋者，就跟科學家一模一樣，甚至更投入。

有人為了逃避神祕而投身宗教，同樣有人為了逃避神祕而投身科學。我們曾聽說過有科學家花費畢生的光陰，只專門研究酸鹼度或鴿子攝護腺組織中的某種成分，他們對宇宙的興趣就這麼多。他們為自己切出一小塊領域，閱讀與此相關的文章比任何人都多，在這方面的知識可說登峰造極，這使他們覺得安全。可是真正追尋真相的人，不可能找一個安全的小空間，就此躲在裡面。完全成熟的人必須放大膽，闖進未知與神祕。

我執業時，有時病人會對存在的意義產生疑問，他們說：「天啊，我好迷惑。」我會答道：「太好了！」他們會問：「你是什麼意思？這樣糟透了。」我答道：「不，這代表你有福了。」他們說：「開什麼玩笑嘛？我好難過。這怎麼可能是有福？」

我會說：「耶穌最有名的那篇講道，第一句話就是：『虛心的人有福了。』虛心可以有多種解釋。但是最好的解釋就是『迷惑』。迷惑的人有福了，因為迷惑是追尋清晰的第一步，在追尋過程中，你會獲得很多知識。」

黎明前的黑暗

生活在十五世紀的人，並非在一四九二年的某天晚上，懷著地球是平坦的觀念上床睡覺，第二天醒來，就相信地球是圓的。他們在找到真正解答前，經過相當長時期的迷惑和探索。讓舊觀念死亡，被更新、更好的觀念取代，都要經過一個迷惑的階段。

處於這階段確實不大舒服，有時會很痛苦。儘管如此，這是福氣，雖然我們會覺得因迷惑而心靈軟弱，但我們是在找尋更新、更好的出路。我們的心靈事物開放，我們在張望，我們在成長。所以耶穌說：「虛心（迷惑）的人有福了。」─自覺迷惑的人不會作惡，心靈軟弱的人不會作惡。

在《心靈地圖 I》裡，我曾提到通往神聖之路，在於對每一件事提出質疑。尋求，你就能找到足夠的真相碎片，可以拼湊成零星畫面。雖然你永遠不可能完成這幅拼圖，但可以湊攏足夠的碎片，得窺完整畫面的局部，就能了解它的美麗。

要是我們一生都埋沒在神祕之中，像嬰兒在黑暗裡東倒西撞，那我們怎麼可能生存下來？只有兩種方式回答這問題。一種是一口咬定專家們都錯了，我們知道的事遠比他們所說的多。另一種則是思考我們的確受到某種程度的保護。但是，這種保護如何運作呢？我不知道。我只知道，這確實是天意。

我辦公室裡陳設了七尊天使像。它們讓我思考這種保護，何謂神恩的運作——我只能想像祂手下有一支天使大軍，隨時聽候指揮。

我相信有的天使真的以人形顯現。蘇洛（Phyllis Theroux）有本靈修散文集《小夜燈：為置身黑暗中的父母講的床邊故事》（*Nightlights: Bedtime Stories for Parents in the Dark*）。她在書中談到，有次她應考公職人員，其中有些題目很顯然是為了剔除應考者中的瘋子或偏執狂而出的。她說她記得其中一題：「你認為自己是上帝的特派員嗎？」

她回憶當時，有好一陣子她覺得渾身麻木，以為所有公務員的福利都決定於這一題是否答得好。不過她終於決定謹慎比勇氣保險，所以選擇撒謊，寫了個「不」。

我真的懷疑我們周圍的確有些是上帝的特派員，當我們在黑暗與神祕中摸索時提供保護。萬聖節時，我尤其這麼想，因為這是基督教的所有慶典中，最神祕的一種。這時節，我最可能想起一段作者軼名、卻流傳廣遠的十七世紀蘇格蘭禱文：

願主救我們脫離食屍魔和鬼怪、
長腳的獸妖、所有夜裡亂竄的東西。

讓我把這段禱詞改寫成能夠符合現代社會的句子：

我們「不了解的情緒」和「被誤會的敵意」是食屍魔，
我們「不肯放棄的過時觀念」，
以及「自以為擁有智慧和能力的幻覺」是鬼怪，
我們的「無知、偏見、自滿」是長腳的獸妖，
還有神祕的夜裡那些我們有限的視力看不見、
甚至不知道該不該害怕的東西，
願主解救我們——你、我，以及在嬰兒期掙扎的全人類。

第2部

探索

對生命的探索就是從自愛開始。
深刻了解人性、修練性靈，
努力達致天人合一的境界，
就能覺悟人生的本質。

第五章　從愛自己開始

我們的人生支離破碎、我們並不完美、我們都難免有罪，即便如此，我們還是必須重視自己、愛自己。

謙遜就是確實了解自我的真相。

這是《不知之雲》（*The Cloud of Unknowing*）一書中一段文字的大意，作者是十四世紀一位佚名的隱修會會士。這句涵意深遠的話，也是追求自我認知的過程中必備的觀念。

舉個例子，如果我說自己是個很差勁的作家，就不算謙遜。雖然我不是最偉大的作家，可是跟一般人相較，仍夠資格稱為相當好的作家，所以這種話就構成我所謂的「假謙遜」。但要是我說我是個一流的高爾夫球玩家，那就是厚臉皮、自命不凡，因為我的球技充其量只算得上平庸。真的謙遜總要與實際相符。

每個人都必須實事求是、了解自我、認清自己的優點和缺點。為了更了解自己，必須更進一步區別自愛與自信。自愛（我肯定它是好的）與自信（我認為它是模稜兩可的東西）之間的分別一向很模糊，沒有非常精確的字彙可以稱呼本章要討論的東西。我希望可以發明新字彙來更清楚定義我對自愛的看法，可是目前只好仍舊使用舊的字眼。

自愛與自信

那麼，我所謂的自愛是怎麼回事？

當年我在軍中擔任心理醫師的時候，軍方對於成功者的致勝祕訣很感興趣，於是集合軍中各部門表現優異的人，加以研究。這些人有男有女，年紀都是三十好幾、四十出頭，事業卓然有成。他們比同年齡的人升遷快，同時又受到同僚的愛戴。已經成家的人都有幸福美滿的家庭，子女在校成績良好、適應佳。他們似乎能點石成金，無往不利。

這些人接受不同層次的研究，有時分組，有時個別調查。研究中有個題目，要求他們把人生當中最重要的三件事，按照先後順序寫在紙上，事先完全沒有機會跟其他人討論。

整個團體對這項要求的反應，有兩件事值得一提。第一，他們把這件事看得非常嚴肅。第一個交卷的人花了四十多分鐘，還有好幾個人在得知大多數人都已交卷的情況下，仍花了一小時以上的時間認真作答。另一件值得注意的是，儘管第二和第三順位因人而異，但有十二個人選擇的人生最重要的事竟然完全相同：「我自己」。不是「愛情」、不是「上帝」、不是「家人」，而是「我自己」。

依我之見，這就是自愛的表現。自愛是對自我的關懷、尊重、負責與了解。不愛自己的人，不可能愛別人，可是不要把自愛跟自我中心混為一談，這些成功人士都是充滿愛心的人和體貼的主管。

再說，自信又是什麼？

經過研究軍中這個特殊團體後，過了大約八、九年，我有機會接近一個「說謊之徒」——我定義為本質邪惡的人。這種人很難接近，不過我跟這個人熟稔到可以問他：「你一生中最重要的是什麼？」

你猜他怎麼回答？「我的自信。」

注意到答案多麼接近嗎？那十二個成功的人都寫著：「我自己。」而這個人說：「我的自信。」

他的答案完全符合說謊之徒的行事方式。對這種人而言，自信的確是他們生命中最重要的東西。他們會為了維護自信不惜一切，無論何時、無論付出何種代價，只要有任何東西對他們的自信構成威脅，只要有一絲絲證據顯示他們不夠完美，或令他們覺得羞慚，他們不僅不會利用這個機會尋求自我的進步，反而會努力湮滅證物。這就是他們邪惡行徑的起源——必須不計一切代價，維護自信。

堅持自我應受重視（也就是自愛）和一意孤行的自命不凡（也就是永遠要維護自信）不一樣。人能否懂得分辨自愛和自信，跟自我認知有密切的關係。要成為健康、完整的人，就必須學著暫時把自信拋在一旁，不要老覺得自己高人一等；另一方面，我們應該永遠愛自己、重視自己，雖然我們不見得一直給自己打高分。

必要的罪惡感

在有必要修正自己時，幫助我們產生羞愧之心的工具叫做「存在的罪惡感」。為了生存，我們需要某種程度的罪惡感——某種程度的懺悔。沒有罪惡感，人就缺少重要的自我糾正的機制。要是我們一直都自以為很好，當然就無法改正有缺點的部分。

很多人看過哈利斯（Thomas Harris）寫的《我好，你也好》（*I'm Okay, You're Okay*）一書。書寫得很好，可是我不喜歡這個書名。因為萬一你不好怎麼辦？萬一你每天凌晨兩點鐘，夢見自己淹死而驚醒，滿身冷汗，然後就緊張得直到六點鐘才又入睡，而且這種事一晚接一晚地持續下去。這樣能說你很好、沒事嗎？

萬一你每次走進一家商店都恐慌得要命，怎麼辦？萬一你把孩子逼得吸毒或惹上大麻煩，自己卻一無所知，怎麼辦？這樣能說你很好、沒事嗎？

我認為「匿名戒酒會」的論點好得多。他們的口號是：「我不好，你也不好，不過沒關係。」的確是的，自覺沒問題的人不會想做心理治療，而謙遜的人願意求助，使自己順利踏上追求自我了解的旅程。

我自己就是個例子。實際從事心理治療工作之前一年，我覺得接受治療會對自己有益。當時我在軍中擔任心理科的實習醫師，我認識醫院裡的一位心理醫師，他似乎很內行，而且找他看病不用付錢。於是我跟他提及為我診療的事，他問我為什麼要這麼做。我告訴他：「我經常為小事感到緊張、焦慮。這樣的治療經驗會很有用，很具教育啟發性，寫在履歷表上更能增加說服力。」他說：「你還沒有準備好。」不肯為我治療。

我怒氣沖沖地走出他的辦公室，對他非常不滿，可是他當然是對的。當時我還沒準備好。不過，大約一年後，我就準備好了。

我的毛病與服膺權威有關，以前不論在求學或工作上，我總會碰到令我恨之入骨的混蛋上司。每個地方的人都不一樣，可是不論我去哪裡，都一定有這種人存在。我總以為問題出在對方身上，跟自己沒有半點關係。

當時在軍中，我的心腹大患是主管醫院的司令官，我姑且稱他為史密斯將軍。我恨透了他。或許因為如此，史密斯將軍對我也不很友善，他一定感覺到我的敵意。

我從事心理諮商的第一天，一早有一個病歷討論會，會中我要播放一段我跟病人面談的錄音帶，給同事和一位主管聽。放完以後，他們就大肆挑剔我種種笨拙、不成熟的過失。所以這一天的開始不算順利，不過我告訴自己，這不過是所有心理科的學生和住院醫師都會經歷的嚴酷考驗，要維持住自信。他們總是把新人批評得體無完膚，並不代表我在任何方面真的有問題。不過，還是不好受就是了。

碎裂時刻後的成長

會議後有一點空閒，我打算去理髮。其實我不覺得有這個必要，可是身在軍中，我知道史密斯將軍會覺得我該理髮。所以在飽受同事和主管抨擊後，我去理一個自己並不想理的髮。途中，我順道進郵局查看信箱，很不幸，我收到一張交通罰單。

兩個月前，我開車去跟康諾上校打網球途中，經過崗哨前的停車號誌沒有停，因而吃了罰單。麻煩的是，被憲兵開的罰單，副本都會送交直屬長官，也就是史密斯將軍那兒。

因為我早就上了史密斯將軍的黑名單，不希望再被他逮著任何錯失，所以我一趕到球場，就用最巴結的口吻對康諾上校說：「真對不起，長官，我遲到了，因為我來這兒的路上，沒有在停車號誌前停車，被你麾下的一位憲兵攔住了。」他立刻懂我的意思，就說：「甭擔心。我來想辦法。」果然，第二天早上，管理崗哨的軍官打電話給我：「派克醫師，還記得你昨天收到的那張罰單嗎？我只是要告訴你，它已經寄去了，下次小心開車就是了。」我說：「真多謝，長官。」當時我還在運用這種不誠實的手段。

但是大約六週以後，這位軍官突然被調職，他甚至沒來得及把辦公桌清乾淨。別人替他清理時，發現了一大疊關說的罰單，就重新把這批罰單發出去。

所以那天，挨了同事和主管的修理、不得不去理一個我並不想理的髮，又接到一張自以為已經沒有問題、而事實不然的罰單。我愈來愈不開心地走向理髮店。

理到四分之三的時候，史密斯將軍竟然也來了。儘管他可能有股衝動想把理髮理到一半的我趕下座椅，但即使將軍也不能這樣做，只好坐在一旁等。當時我心裡只有一個念頭：「我該跟這個混帳說哈囉嗎？該或不該？」一遍又一遍，「該或不該？」

最後，我決定盡量表現得高貴、世故。頭髮理完後，我走下椅子，從他身旁經過，我說：「早安，史密斯將軍。」隨即步出理髮店。理髮師追到走廊上喊我：「醫師，你還沒給錢！」我只好又走回店裡，這次我緊張得把銅板全掉在地上，正好掉在史密斯將軍腳下。想想看，我跪在他面前，而他高高坐在我上方，嘲笑我的困境。

我終於走出門，全身都在發抖，我告訴自己：「派克，你有問題，你需要幫助！」那是很痛苦的一刻，我稱之為「碎裂時刻」。雖然這種碎裂還算溫和，可是它已經快成為我根深柢固的反應模式。我猜我求助是因為上帝知道我無法承受太多痛苦。

碎裂時刻雖然痛苦，同時卻也是對我最有益的一刻。一小時之內，我就用仍在發抖的手指頭，抖抖索索地翻閱分類電話簿，找尋心理醫師，我真心願意改善自己的毛病。這麼做雖然痛苦，卻也是踏向大幅成長的起步，我在沙漠中朝向救贖，朝向我的痊癒邁出了一大步。

基督教會的禮拜儀式可說就是突破的象徵。在聖餐禮的高潮，教士在祭壇上高擘聖餅，將它擊碎，這就是突破的象徵。凡是參與這項儀式的人——不論他們是否有這種自知——都願意被擊碎。就是透過這樣的碎裂，我們才能敞開心懷，大步前進。

人需要碎裂時刻，以覺悟自己的問題：我們的人生支離破碎；我們並不完美；我們都難免有罪愆。然而，罪惡感湧現的時刻、懺悔的時刻、缺乏自信的時刻、面對自己不喜歡自己的試煉時刻，對人的成長都不可或缺。

但即使在這種時刻，我們還是必須重視自己、愛自己。愛自己而且承認自己的不完美，不僅可能，而且可以同時進行；愛自己就包括承認自己有些地方需要改進。

最珍貴的自己

我曾有一個十七歲的病人，從十四歲起就自力生活，他的父母全然不負責任。有次治療時我告訴他：「你最大的問題就是不愛自己，不重視自己。」

當天晚上，我開車到紐約，路上遇到大風雨。傾盆大雨橫掃過高速公路，視線極差，我甚至看不見路邊或分道的黃線。儘管我已經很疲倦，仍然必須全神貫注在道路上。只要分心一秒鐘，就很可能開出路外。我得以在可怕的風雨中開完九十英里路，唯一的辦法就是不斷告訴自己：「這輛車裡載著極貴重的貨物。把這件貴重的貨物安全送到紐約市是最重要的事。」結果任務圓滿達成。

三天後，我回到診所，再次看到我的年輕病人。他在同一場暴風雨中，開一段比我短得多的路，人也沒我那麼疲倦，卻把車開出公路外，所幸傷勢不很嚴重。他會發生這種意外，並不是因為他有自殺傾向——雖然缺乏自愛往往跟自殺意願並存——只是因為他不能告訴自己，他的車裡有很貴重、值得珍惜之物。

還有一個例子。《心靈地圖 I》出版後不久，我開始治療一位女病人，她必須開三小時的車到我住處就診。她來看我是因為她讀了我的書，喜歡那本書。她的生活跟基督教有密切的關係；她在教會裡成長，甚至嫁給一位神職人員。第一年，我們每週見面一次，完全沒有進展。後來有一天，她一進門就說：「你知道嗎？今天早上開車過來的路上，我突然想通了，我自己靈魂的進步才是最重要的事。」我為她終於想通而開心得哈哈大笑，可是也感到諷刺，因為這名婦人跟教會的關係那麼密切，我一直以為她早就知道自己靈魂的進步才是最重要的事。不過她一旦領悟，療程進步就像閃電一樣迅速。

所以，愛自己是最重要的事，它的重要性不亞於任何金科玉律。若干年前，我在芝加哥一個天主教活動中心主持避靜會。避靜會預定下午結束，屆時會在活動中心的教堂裡舉行一場正式的彌撒。避靜開始前，籌辦活動的教士問我是否願意在彌撒中講道。出於一時的愚蠢與傲慢，我答道：「沒問題。」完全忘了在天主教會裡，不能隨手拈來一個題目，就開口宣道。講道的內容必須跟當天指定的讀經範圍有關，通常選自福音書。

可是我的記憶不久就恢復了，趁著僻靜的小組活動期間，我抽空拿起《聖經》，翻到當天所指定的福音書段落，是關於五個聰明童貞女和五個愚拙童貞女的寓言。我嚇壞了，我從來沒喜歡過這則寓言，而且根本不懂它的涵意。

寓言中說，有十個童貞女在等候新郎——基督或上帝。祂很可能在夜半出現，那麼她們就必須摸黑去迎接。五個聰明少女早把油燈加滿油，其他五個卻沒來得及這麼做。好巧不巧，夜半有人喊說：「新郎來了，你們出來迎接祂。」

五個聰明少女立刻燃起燈，急忙出門，五個愚拙少女哀求：「分一點油給我們吧，我們也想去見新郎。只要一點點就好。」可是五個聰明少女一口回絕，調頭而去。

照我的想法，她們見到新郎的時候，祂應該會說：「你們這幾個吝嗇、小氣、壞心的女子啊！為什麼不肯分一點油給你們的姊妹呢？」可是事實不然。祂實際說的是：「啊，聰明、善良、美麗的姑娘啊，我愛你們，我們要分享永恆的快樂。至於那些笨女子，就讓她們咬牙切齒，永遠在地獄裡腐敗吧。」

我認為這則寓言不符基督精神。基督信仰少了分享，還剩什麼呢？可是我必須根據這則寓言講道，所以我得好好思考一番。在短時間內集中思考的效果有時很令人吃驚，我不久就想到寓言中的燈油，象徵的是「準備」，這則寓言是在告訴我們，準備是不能分享的。就像你不能替別人做功課，即使你替別人做功課，也不能替他們拿學位。我唯一能做的，就是盡可能提供別人好好準備的動機；我所知道的唯一方法，就是教他們認清自己在上帝眼中是多麼重要、多麼美、多麼可愛。

體認自我價值

導致個人心理不健全、社會不健全、遠離上帝的罪魁禍首，就是覺得自己不重要。人自覺無用的程度，常令我覺得不可思議。十年前，我參加一個晚宴，其他客人聊到某位知名的電影導演，提及他如何留下歷史的軌跡，我衝口而出說：「我們每個人都會留下歷史的軌跡。」全桌的談話為之中斷，彷彿我說的是什麼不可饒恕的髒話。

在某些方面，人不喜歡把自己看得太重要，因為這麼做會為自己招攬責任。要是我們承認自己平凡而微不足道，就不需要為歷史負責，對吧？可是不論我們喜不喜歡，不論是好是壞，不論是否有意識，每個人都有他的重要性。應該這麼說吧：「如果不是你，還會是誰？如果不是現在，還會是什麼時候呢？」

每個人都會產生這種與現實不符的，自認無足輕重、不可愛、沒有人要的感覺。大約六年前，我去達拉斯的一個科學討論會演講。我在旅館櫃檯剛拿到鑰匙要進房間，就有一名青年走過來說：「你是派克醫師，對吧？我的室友本來要來參加這場會議，可是因故不能來。他告訴我，要是我看到你，就告訴你，上帝原諒你。」

這句話實在古怪。不過我在房裡坐定之後，開始思索這件事，我發現內心中一部分的我還留有十五歲的感覺，覺得自己滿臉青春痘、長得一點也不好看、什麼也不懂，任何科學討論會都不會認為我的話值得一聽。可是那部分的我否認自我的重要，是不健康、跟現實脫節、迫切需要治療的，應該被揚棄、被原諒、被滌清。

所以，再次強調導致個人不健康、社會不健康、遠離上帝的罪魁禍首，莫過於每個人心中那種自己不重要、不可愛、沒有人要的感覺。事實上，上帝就像新郎，他在邀請我們：「與我同寢吧。」我們很可能會閃躲，聲稱自己太老或太年輕、太不重要或太醜，不值得祂眷顧。

讓我們做好準備，重新體認自己具有超乎想像之外的重要性、美麗、魅力。也讓我們盡己之力去教導他人，讓他們明白自己也都具有超然的重要性、美麗與魅力。

第六章 從神話中發掘人性

神話常包含偉大的真理，
是人性各種矛盾、多重向度複雜面的最佳知識泉源。

大多數人把神話當作虛構的東西，可是過去以來，由於心理治療與心理學上的進步，以及榮格和坎伯（Joseph Campell）等人的研究成果發現，神話之所以不朽，正因為它涵容真實。

每種文化中都有神話故事，或許敘述故事的手法不盡相同，可是在不同文化及不同時代的神話卻往往有雷同之處，這是因為其中包含某種偉大的真理，反映出人性的本質；也因為我們可以從中發掘人性，所以神話對於了解自我很有幫助。

多位傑出的考古學家早年被當作瘋子，因為他們對一般人認定是虛構的古老傳奇故事深信不疑。施利曼（Heinrich Schliemann）或許是最好的實例。一八三〇年代，當他還是個少年時，在雜貨店當學徒。有個老人常到那兒吃午餐，他在喝茶時，會背誦一段段荷馬的《伊里亞德》史詩，年輕的施利曼於是深深迷上了特洛伊戰爭的故事，他發誓長大以後，一定要找到特洛伊遺址。

他跟別人提到這事，他們總是說：「別蠢了。荷馬的《伊里亞德》不過是一則神話。世上根本沒有特洛伊這個地方，那是神話編出來的。」但施利曼仍然相信特洛伊真的存在，他致力做生意，只為了存夠挖掘工作所需的資金，到了三十六歲時已相當富有，於是退休開始尋找特洛伊城。經過十年努力，他終於在土耳其西岸找到了。憑著遺址的挖掘和後來的新發現，證明《伊里亞德》不是虛構，而是有史實根據的。

湯普森（Edward Thompson）是另一位值得取法的考古學家。本世紀初，湯普森曾聽說一則古老的馬雅傳奇故事，有一口專門用以淹死處女的井，犧牲者全身戴滿金飾，以免身軀浮起，好向傳說中住在井底的雨神獻祭。他決心要找到這口山井，雖然大家都說：「這不過是則可笑的傳說罷了。沒有這口井的，它從不曾存在。」

湯普森跑到墨西哥，得知猶加敦半島的叢林深處，有一座馬雅大城的廢墟，名叫契琴伊薩（Chichén Itzá），這名字的意思就是「井口」。他在廢墟旁邊買下一座墾殖場，不久就發現，這個地區有兩座大得異乎尋常的井。經過精心分析，他認為直徑約六十碼、較大的那口井，可能就是目標。他隨即回到波士頓老家，向所有親朋好友不擇手段地籌了一筆錢，買回挖泥機和深海潛水裝備，甚至還學會了潛水。

他挖了半天，毫無所獲；一年年過去，他跟他的工人只掘出一籮筐一籮筐的爛泥：沒有黃金，也沒有骨骸。經過五年的努力，就在錢即將花光的時候，他在瀕臨絕望之下，親自潛水下去探看，結果發現了第一批骨頭。終於他尋得了一個考古大寶藏，還有大量的黃金珠寶。所有借來的錢和他的自信全都恢復了。滿戴珠寶的處女被丟入井中的傳說，經他證明真有其事。

我本來並不相信亞特蘭提斯文明陸沉海底的傳說。一九七八年我們全家一塊兒到希臘團聚，旅途中，我們租了一艘船，沿希臘的基克拉澤（Cyclades）群島航行，群島最南端的小島有兩個名字，希臘名字叫西拉（Thera），義大利名字叫聖托里尼（Santorini），因為這島在十三世紀時曾被義大利征服。航向西拉或聖托里尼途中，我父親從旅遊指南中讀到，有些人認為這座島，可能就是亞特蘭提斯。

這論調讓我覺得好笑，但隨即便笑不出來了。我們經過一個乍看彷彿是兩島圍成的海灣，後來發現它其實是一個碩大無朋的火山口。我們遠征島嶼的邊緣，得知一九六七年有天傍晚，一個農夫在田裡趕著騾子犁田，他的妻子、兒女、還有一名鄰家婦人，都站在田旁閒聊。忽然那農夫不見了，他們不知道發生什麼事，急忙趕去他方才站立的地方，只聽見隱約的呼救聲。地面上裂開一個大洞，原來他摔到洞裡去了。

他摔進去的不是普通的洞，而是一整座城市——被火山灰掩埋的阿克羅蒂里城（Akrotiri）。開挖之後，考古學家發現從來沒有人知道的亞特蘭提斯文明，可以上溯到青銅時代，揉合了希臘與非洲文明，它是全世界最早使用大型觀景窗的地方。這項發現深具吸引力，十年後，我們重訪希臘，雅典博物館特別加蓋新的側翼已完工，正陳列著阿克羅蒂里的藝術及其他發現品。

所以我也幡然成為這傳說的信徒：我到過亞特蘭提斯。

簡化思考的風險

傳奇與神話有一大不同點。傳奇是過去的故事，可以是事實，可以是虛構。特洛伊的傳奇真有其事，契琴伊薩的神井傳奇也真有其事，我相信亞特蘭提斯的傳奇也是真的。不論是真是假，像契琴伊薩這類的傳奇，不見得能對我們的自我認知有任何啟發，可是荷馬的《伊里亞德》不僅是真實的傳奇，同時也是神話。各種有關人性的闡釋交織在特洛伊的故事中，神話與純粹傳奇的差異就在於此。

童話與神話也有所不同。像聖誕老人的故事是童話，他被創造出來才不過兩百年，但是全世界有五分之一的人知道他；而龍是神話動物，早在人們編出聖誕老人故事之前就流傳人間。基督教僧侶在歐洲修道院裡抄寫經典時，常在手抄稿邊緣上繪製龍的圖形。中國的道士、日本的和尚、印度的印度教徒、阿拉伯的穆斯林，都有類似的行為。

為什麼畫龍？這種神話動物為什麼特別國際化，特別普遍？

答案是：牠們是人類的象徵。

龍是長翅膀的蛇，能飛翔的爬蟲，那就是我們。我們像爬蟲類一般局限於地面，陷於罪惡傾向和狹隘文化偏見的泥淖中，但也能像鳥或天使高飛天際，超越所有的罪惡和文化偏見。

依我看，龍之所以受歡迎，主要因為牠們是最簡單的神話。但即使如此，牠們並不單純。牠們是擁有多重向度、正反兩面的生物，代表矛盾。這也是神話存在的一個原因，為了掌握人性中多重向度，往往互相矛盾的各種層面。

因為神話具有矛盾和多重向度的特性，相信神話不會給自己惹來麻煩。但一般的童話故事往往只有一種面向、過於簡化，相信這種故事就會出問題。事實上，任何過於簡化的思考方式都會出問題，然而每個人都或多或少有思考過分簡化的問題。我們希望萬事黑白分明，要求事件非此即彼，但生活中的每件事，即使不是同時有十幾個面，至少也有兩個面向，不能只從一個角度切入。

例如，我演講的時候，聽眾中的基督徒有時會問我：「同性戀者可不可以擔任神職？」他們提這個問題好像把同性戀者全歸為一類，但是我從有限的心理醫療經驗中得知，有些人之所以成為同性戀，完全要歸咎家庭環境極端不正常（他們的狀況在理論上可以治療，但不容易）；另一方面，我相信有些人是與生俱來的同性戀；還有一類人是兩者的混合，他們的同性戀傾向同時具有生理和心理因素。所以我們若把同性戀者統統當作一種人，不啻把上帝造物的微妙複雜視若無物。「同性戀者可不可以擔任神職」這問題的答案，就跟「異性戀者可不可以擔任神職」一樣，得看是哪個同性戀者，得看是哪個異性戀者。

神話的啟示

神話是有關人性各種矛盾、多重向度、複雜面的最佳知識泉源。讀者可能記得我在《心靈地圖I》中提到「俄瑞斯忒斯」（Orestes）這個神話，他是克呂泰涅斯特拉（Clytemnestra）和阿加曼農（Agamemnon）的兒子。荷馬說，克呂泰涅斯特拉和情夫聯手殺了阿加曼農，此舉加諸年輕的俄瑞斯忒斯責無旁貸的復仇使命，可是另一方面，復仇對象是他的親生母親，在希臘觀念裡，男人最大的罪行莫過於弒母。

俄瑞斯忒斯殺死了母親和她的情夫，達成為父復仇的任務。可是他必須付出代價，他受到眾神詛咒，被三名人頭鳥身的復仇女神時時刻刻追逐，她們包圍他，在他耳畔喋喋不休，令他產生各種幻覺，把他逼得發瘋。經過多年，俄瑞斯忒斯走過世界各地，彌補他犯下的罪過，忍受復仇女神的懲罰，最後他請求眾神赦免，撤銷詛咒。

天庭大審中，太陽神阿波羅做俄瑞斯忒斯的辯護律師，他認為事態演變到這種地步，其實是眾神的錯。俄瑞斯忒斯在整個事件中根本沒有選擇，所以他不應該為自己的行為受責。

但是俄瑞斯忒斯挺身而出，反駁阿波羅說：「殺死我母親的是我，不是眾神。做出這件事的是我。」

過去人類總是盡可能把過錯推卸給眾神，從來沒有人肯為自己的行為負如此完全的責任。眾神一聽此言，立刻決定撤銷俄瑞斯忒斯身上的詛咒。復仇女神搖身一變成為仁慈女神（Eumenides）。她們不再發出喋喋不休的惡毒批判，只提供智慧的忠告。

這則神話說的就是心靈恢復健康、百病全消的過程。它揭示一個真理：為自己和自己的行為承擔責任，乃是如此奇妙轉變的代價。

我在《不同的鼓聲》（*The Different Drum*）一書中，曾經談到另一則頗具啟發性的神話。伊卡魯斯（Icarus）和他的父親企圖逃獄，他們用蠟把羽毛黏在身上，做成翅膀。但伊卡魯斯不斷高飛，想飛到太陽那兒，不幸他還未能接近太陽，炙熱就融化了他自製的翅膀，他一頭栽到地上，喪失了生命。

這則神話的意義在於，人不可能像神一般無所不能。因為太陽通常是神的象徵，所以我認為這故事還有另一層意義，就是我們不可能靠自己的力量上達於神。唯有靠神的拉拔，才能接近祂。要是認不清這一點，就會惹上麻煩，自取滅亡。

剛發現「心靈成長」這回事，第一次覺悟自己正走在心靈旅程上的人，常有這方面的問題，他們自以為可以主導旅程的方向，以為只要到修道院清修一個週末、上幾堂禪坐課程、學幾招蘇非學派的動作、加入提升知覺潛能的EST研討課程，就可以達到涅槃的境界。遺憾的是，事實並非如此。一般人若以為靠自己的能力就已足夠——就像伊卡魯斯，麻煩就要臨頭了。

如果你認為自己能一步步規劃心靈的成長，恐怕不易如願。這麼說不是否定心靈成長課程或其他自我追尋形式的效用，它們也可能很有價值。你覺得該做的事不妨儘管去做，但同時也準備好去接受自己不知道會學到的東西，敞開心懷迎向超乎你控制的力量所帶來的驚喜，這趟成長旅程最重要的，就是學習「放下我執」。

矛盾故事的涵意

《聖經》是什麼？是否逐字逐句都是事實？還是一部神話故事集？抑或過時的律則？它跟我們的人生有什麼關係？

曾經有名婦人跟我說：「從前我把《聖經》當作正統宗教典籍，覺得很難接受。但有一天，我忽然覺悟這是一本談矛盾的書，從此之後我就很愛閱讀《聖經》。」

她說的沒有錯，《聖經》是一部矛盾故事集，而且名副其實，本身就是個矛盾的綜合，有許多有真有假的傳奇故事；是正史和裨官野史的混合；它結合了過時的律法和仍然相當實用的法則；也包括神話和隱喻。

如何闡釋《聖經》？根據我的經驗，基本教義派信徒然雖然極端強調《聖經》的重要性，卻很奇怪地誤用了《聖經》。事實上，「基本教義派」一詞也不正確，更恰當的說法應該是「不容謬誤者」（inerrantists），這派人相信《聖經》不僅是上帝的神聖啟示，而且每字每句都是神的話語的忠實紀錄，不容更改，且只能照字面解釋、只能有一種解釋，也就是他們的解釋。依我看來，這種觀念只會使《聖經》的意義變得貧瘠。

我曾經聽神職人員輔導運動兩位發起人之一的歐茨（Wayne Oates）談到這方面的問題，有名青年挖出自己的一顆眼球，因為耶穌說過：「如果你的眼睛冒犯你，就把它挖掉。」歐茨說：「你知道，我是老式美南浸信會教養下長大的，我深愛耶穌我主，可是我真希望他沒說過那句話。」

問題不在於耶穌說過什麼話，而是這名青年不了解耶穌運用的是隱喻。他不是要你砍掉自己的手臂或挖出自己的眼睛，他的意思是，當某種東西擋了你的路，妨礙你的心理健康或心靈成長，就該除掉它，不要只是坐著抱怨。

所以《聖經》不能一味照字面解釋，它含有大量的隱喻和神話，可以用多種複雜、往往還互相矛盾的方式加以闡釋。

〈創世紀〉第三章敘述亞當與夏娃在樂園中的情景，是《聖經》複雜性和多重向度的一個實例。神話像夢，具有佛洛伊德所謂凝聚的效用，凝聚在一場夢中的不只是一種意義，而是兩、三種不同的意義。伊甸園這則了不起的神話甚至具備十多種教我們認識人性的深奧真理，也包含了進化論，對於人的羞恥心、自覺、我們跟大自然分離的意識、繼續發展更大意識的需求，都解釋得很清楚，而有意識之後，更進一步產生分辨善惡的觀念。

這個美好的故事還告訴我們選擇的力量，在食用分辨善惡樹的果實前，人沒有真正的選擇。之後，我們才有意識，才能以自由意志面對追求真實或謊言的抉擇。所以伊甸園故事跟善惡的淵源也有密切的關係，沒有選擇也就無所謂善惡。上帝賜我們自由意志的同時，也無可避免地容許邪惡進入這世界。

更早出現在〈創世紀〉第一章中的神話，也跟進化和善惡有關。其中敘述上帝首先創造天空、土地、江河，然後是植物與動物，這個秩序與地質學和古生物學的推論相符，就科學的推論而言，進化就是依照這個順序，雖然我們不認為進化是在七天之內完成。

我對〈創世紀〉第一章有全新的解釋，該章說到，上帝先創造光，祂看到光，認為這是好的；祂創造地，認為這是好的；然後祂分開土地與海洋，認為這是好的，於是祂繼續創造植物與動物；看到它們也都很好之後，祂隨即創造了人類。所以我相信，想做好事的動機就是創造力的泉源。

相對的，想做壞事的動機只會帶來毀滅，不能創造。善惡、創造與毀滅的選擇就握在自己手裡。最終我們一定得負起責任，承擔後果。

神話蘊含的真理

坎伯對於協助我們了解神話所蘊含的真理，貢獻良多。在《英雄的追尋》（*The Quest of the Hero*）一書中，他把一種全世界皆有的重要神話的本質解讀得極為清楚，那就是「英雄的誕生」。這一主題在不同文化中以略有差異的面貌顯現，可是本質卻完全相同：永遠有一個太陽男神和一個月亮女神交媾，永遠是生下男孩（或許有朝一日我們能更改這個部分）。這男孩在成長過程中歷經奮鬥、動亂、痛苦，終於脫穎而出，成為英雄。

這則神話有什麼意義？首先，先說明英雄是什麼。英雄的定義，就是能解決別人無法解決的問題的人。舉個例子，設想有個國王統治一個富庶的國家，但沒想到出現了一頭邪惡、卑鄙的大毒龍為害地方。國王下令，凡是能殺死毒龍的人，就把美麗的公主嫁他為妻。

消息傳遍各地，一個接一個哈佛或耶魯教育出來的英勇武士，從四方前來跟毒龍搏鬥，卻都被吃了。情況愈來愈危急，眼看就要喪失一切，此時紐約市一條不起眼的小街裡，突然冒出了一名猶太男子，他不過拿了個紐約大學的學位，有點小聰明。但是他想出殺龍的方法，竟然奏效。國王對於女兒嫁給猶太佬的結局並不感到特別的興奮，好在他是個守信的人，於是這個年輕人娶了美麗的公主，從此在富庶的國土上過著幸福的生活。

這個年輕人就是英雄，因為他能解決其他人解決不了的難題：殺死了毒龍，可是他怎麼會有那麼特別的點子呢？別忘了，神話裡說，真正的英雄都是太陽神和女神的後裔。所以這則神話也與男性和女性有關，因為太陽和月亮是男性和女性象徵的典型。

無論在傳奇故事或現實生活中，一般人對男女有別的二分法都很執著。比方說，近年頗受矚目的一項研究，與左腦和右腦管理不同的思考模式有關。在「英雄誕生的神話」中，太陽神代表男性、光明、理性、有條理的科學知識，亦即著重分析的左腦思考模式；月亮女神代表女性、黑暗、情感、直覺，亦即右腦的思考模式；兩者交媾會產生兼具太陽神和月神特質的小孩。所以這是一則陰陽合體的神話。

結論顯示，我們只有在學會同時發揮自身的男性和女性特質——左腦和右腦並用之後，才能成為英雄，而這一點很少人學得會。事實上，大多數人在成長過程中，學習到的都是強調男性特色、削減女性面，或提升女性特色、放棄男性思維方式。要不然就是，應付某些問題時要採用男性化的左腦策略，面對其他問題時，又要採取女性化的右腦策略。可是我們很少能學到在同一問題上，同時運用左、右腦處理。

整合我們的男性與女性特質，是場艱苦卓絕的奮鬥，就像神話中那個孩子的成長過程。但是只要我們完成整合的奮鬥，學會如何同時使用左腦和右腦、男性和女性特質處理同一個問題，也可以成為英雄、解決問題——這世界正迫切需要英雄和解決問題的方法。

深刻人性觀察

在閱讀《聖經》或神話時，讀者可以自行闡釋各個故事。例如〈創世紀〉中羅得妻子的故事，上帝毀滅所多瑪和蛾摩拉兩座罪惡之城，特別准許羅得和他的妻子逃離，條件是不許回頭看。羅得的妻子回了頭，立刻變成一根鹽柱。從字面上來看，這故事是說，我們若違背上帝會受到什麼懲罰、會有什麼遭遇。

過去一百年來，出現一套「科學方法」釋經的新理論。這派人主張對《聖經》中記載的奇蹟——像是分開紅海——用「理性」解釋，例如他們說，紅海有些部分水很淺，而每隔一百年左右會出現一個時機，潮水會降低到可以涉水而過。這派論者也談到羅得之妻，《新牛津聖經》（New Oxford Bible）裡的注解說，這是「解釋該地區奇特鹽結晶現象的古老傳統，如今仍可在櫟柏烏斯敦（Jebel Usdun）見到。」

可是這種自命科學的解釋方式，還是讓我覺得不對勁。所以我就上帝為何不准羅得和他妻子回頭一事，好好思索一番。回頭有什麼不好？我想到那些把一生大部分時間花在回顧上而懊惱不已的人，這種人太執著於過去，會有什麼結果？我警悟這些人都處於極大的困境中，就像活生生變成了鹽柱。透過隱喻的解釋，我開始了解，羅得妻子的故事有豐富的涵意，那也是一項深刻的人性觀察。

有時我會告訴別人，我畢生最大的福氣就是幾乎完全沒受過宗教教育，因為這樣才沒什麼根深柢固而需要克服的東西。我只上過一天主日學。為了某種緣故，在我八歲的時候，父母認為我需要宗教教育，就把我送去上主日學。那天的事我還記得很清楚：我必須為亞伯拉罕把愛子以撒獻給上帝做犧牲的圖畫著色。

也許早在那時，我做心理醫師的潛力就已經顯現。我很快就認定，上帝一定發瘋了，才會要求亞伯拉罕殺死自己的兒子，亞伯拉罕也一定發瘋了，才會考慮這麼做。更重要的是，以撒也一定發瘋了，才會以著色本上那種平靜的表情，乖乖躺在那兒等著被人開膛破肚。我後來就拒絕了主日學，這就是我全部的宗教教育。

現在我即將走完人生中年階段，亞伯拉罕和以撒的故事對我有深刻的意義。我相信這對所有為人父母、特別是兒女已屆青春期或更大者，都是個重要的故事。從隱喻的層次解釋，這個了不起的故事或神話告訴我們，總有一天我們要放開孩子，他們是上天賜下的禮物，交給我們照顧——但不是永遠。抓著孩子不放，超過某個階段，會對彼此造成很大的破壞。我們必須學習如何歸還這份禮物，把孩子交給上帝。他們不再屬於我們，他們有自己的生命。

第七章 躍向心靈更高峰

心靈不斷成長，是人性最顯著的特質，
但要從一個階層邁向另一個階層，必須持著謙遜的心。

常有人問我一個很重要的問題：「人的本性是什麼？」因為父母把我教養成有禮貌的人，所以我會嘗試回答這個根本不可能回答的問題。我編出的第一個答案是：「人的本性就是尿在褲子上。」

每個人小的時候，都是完全照自然湧現的意念行事，隨興而為，也隨興更動意念。但是到了大約兩歲的時候，父母親就會說：「嘿，你是個好孩子，我很喜歡你，如果你放規矩點，我會更高興。」

人類寶貴的特色

最初，這樣的訊息對孩子絲毫沒有意義，只有隨自然湧現的意念去做或停止不做某事才有意義。更何況，有時候在牆上寫字，有時候把小皮球扔到搖籃外，看它在地板上跳，都很有趣。但是要求小嬰孩把屁股夾緊，趕快到廁所去，只為了把那堆東西用水沖掉，不加利用，那真是最最不自然，毫無道理可言的事。

不過，只要孩子跟母親的關係良好，母親有足夠的耐心，不過分嚴格或專制，孩子就會對自己說：「媽咪是好人，過去兩年來，她對我那麼好，我得報答她，給她一些表達感激的禮物。可是兩歲的小娃娃能做什麼？所以除了在這件瘋狂的事上照她的意思做，迎合她的要求，還有什麼別的選擇呢？」

於是孩子就開始做不自然的事，夾緊小屁股去上廁所，把這當作送母親的禮物。但是再過幾年，孩子到四歲、五歲的時候，要是因壓力或疲倦，意外沒來得及上廁所，尿在褲子上了，他反而會覺得自己搞得一團糟，很不自然。就在這麼短的時間裡，孩子改變了自己的本性，做為送給母親的愛的禮物。

所以要是有人問我：「派克醫師，人的本性是什麼？」我最常給的答覆就是，根本沒有這種東西。這也是我們做為人最了不起的一點。

人跟其他生物最大的不同，不在於靈巧的手指構造、可以說話的聲帶構造，或特大號的腦容量，而在於我們與其他動物相較之下，極端缺乏生物本能，也沒有不易改變、由遺傳決定的行為模式。

我住在康乃迪克州一個大湖邊，每年三月融雪時，總有一群海鷗飛來；到了十二月，湖面整個結冰，也是海鷗離去、飛往南方的時候。最近有朋友告訴我，牠們是飛往阿拉巴馬州的佛羅倫斯。

研究候鳥的科學家發現，鳥兒真的可以靠星星辨別方向，這是與生俱來的本能。牠們遺傳一種複雜的天文導航模式，能安然飛抵阿拉巴馬州的佛羅倫斯，每次都在同一地點落地。唯一的問題是，這件事沒有自由可言。海鷗不能說：「我今年想改到百慕達或巴哈馬群島去過冬。」不去阿拉巴馬州的佛羅倫斯，就哪兒都別去。

人類最大的不同，就是在自身行為上享有完全的自由和變通的可能，百慕達、巴哈馬，愛去哪兒都可。我們甚至可以做完全違反本性的事，趁冬季到科羅拉多州山裡，踩著滑雪板，沿結冰的山坡往下滑。這種為所欲為、有時甚至故意違反本性的自由，就是人類本性當中最突出的特色。

永保開放的心

懷特（T.H. White）所著《石中劍》一書，對人類的可塑性描寫得非常透澈。這本精采的作品裡有則故事：很久以前，地球上所有生物仍處於胚胎狀態。一天下午，上帝召集所有的小胚胎說：「你們可以各得到三件想要的東西，一個個上來，許三個願，我就讓你們如願以償。」

第一個胚胎走上前說：「上帝啊！我想要長出鏟子一般的手和腳，以便為自己在地底下挖掘一個安全的家；厚厚的毛皮，在冬季保暖；鋒利的門牙，可以用來吃草。」

上帝說：「很好，你就做一隻土撥鼠吧！」

第二個小胚胎上前說：「上帝啊！我喜歡水，我想要有靈活的身軀以便在水裡游泳；我希望有鰓以便在水底呼吸；我還需要一個不論水溫多少都能保暖的循環系統。」

上帝說：「沒問題，你就做一條魚吧！」

上帝跟所有小胚胎都談過話，最後只剩一個，這似乎是個特別害羞的小東西，上帝只好示意他上前，垂問：「好啦！最後一個小胚胎，你的三個願望是什麼？」他說：「嗯，我不想表現得太倨傲，也倒不是不知感恩，我其實很感激你。可是……我想也許……要是你不介意，我就維持現在的樣子，繼續做胚胎。也許過一陣子，等我夠聰明，知道自己真正要什麼了，我再向你許願……或者說不定……你希望我變成什麼，也可以賜我三件你認為我該擁有的東西。」

上帝微笑說：「你就做人吧！既然你選擇永遠做胚胎，我就讓你主宰所有的生物。」

大多數人當然早已脫離胚胎期，但會隨著年齡增長，更加堅持自己的方法和本性。年輕的時候，我觀察我的父母和其他五、六十歲的人，總覺得他們對新事物愈來愈不感興趣，愈來愈堅持自己的意見和世界觀。

二十歲以前，我一直以為這樣的發展是理所當然。但那年暑假，我搬去跟當時已六十五歲的名作家馬康德（John Marquand）同住，卻給我很大的震撼。我發現這個六十五歲的老人，對任何事情都有興趣，包括我在內。從來不曾有如此年長的人，對我這麼一個微不足道的二十歲小毛頭真正感興趣過。

大多數夜晚，他跟我辯論到夜深，有時我還真能辯贏，改變了馬康德的看法。事實上，那年暑假快結束的時候，我看得出他的看法每個星期都要改個三、四次。我發現這個人的心理年齡不但不老，反而愈來愈年輕、開放而有彈性，比很多兒童或青少年有過之而無不及。

求新求變的獨特能力

這是我第一次領悟，人的心理不一定要變老。身體的老化不能遏阻，每個人都會變得行動不便、終至死亡，可是大多數人都可以讓心靈不斷成長：這種不斷變化的能力，就是人類本性當中最顯著的特質。

人類無止境求新求變的獨特能力，主要反映在我們的靈性上。從古到今，善於思考的人自省之餘都會發現，並非所有人在靈性或宗教方面的修養都齊頭並進。心靈成長與宗教觀念的發展可分為不同階段，現今有關這個題目的論著，應推埃默里大學（Emory University）的法勒（James Fowler）教授最具權威，他在著作《信仰的階段》（*Stages of Faith*）中把心靈成長分為六個階段，我將之節縮成四個階段，可是談的東西基本上完全相同。他的著作較具學術性，大量參考其他階段理論家的學術作品，諸如皮亞傑（Jean Piaget）、艾瑞克森、郭爾堡（Lawrence Kohlberg）等。我對這些階段的認識不是透過書籍，而是借助經驗——尤其是幾次我稱之為「無法估算」（noncomputing）的經驗。

第一次經驗發生在我十五歲時，我決定到家附近的幾家教堂參觀一下。在某種程度上，我確實有興趣了解基督教究竟是怎麼回事，可是基本上，我只是想去看看那兒的年輕女孩。

我去的第一家教堂，距我家不過幾條街，那兒的牧師當年非常有名，每個星期天的講道內容，都透過全國聯播網在收音機播出。少不更事的我，很容易就視他為沽名釣譽的騙子。不過，我也到另一家教堂去，那兒的牧師也算有名，只不過遠不及前一位，我把他當作聖人，相信他是上帝最可靠的使徒。

我十五歲的貧乏腦袋不知道該如何解釋這狀況。一位是當今最有名的傳道人，但是在我的認知範疇裡，卻認為我的靈性成長已經超越他；而另一位傳道人的靈性修養，卻顯然又超前我無限遠。這件事實在不合情理，也無法估算，正因為如此，以後二十五年內，我都對基督教敬而遠之。

還有一次無法估算的經驗，就是在我做心理醫師若干年後，發現一種奇怪的模式。每逢信教的人遭遇痛苦、疑難來找我，倘若治療能奏效，他們大多在結束治療時，變成懷疑論者甚至無神論者。但是換成無神論者或懷疑論者來求診，治療若有收穫，則多半變成有宗教信仰或注重靈性修練的人。

這個模式也沒什麼道理，同樣的醫師、同樣的治療方法，都獲得成功，但結果卻截然相反。最後我終於了解，每個人的靈性層次可能處在不同階段，必須小心謹慎看待這些階段，因為上帝不時會以祂的方式擾亂我們的分類，各種人也未必能如願恰好嵌進我們預設的靈性小框架中。

反社會階層

第一階段也可以說是最底層，我稱之為「混沌／反社會」的階段。處於這個階段的人大約占全人口的百分之二十，我所謂的「說謊之徒」也包括在內。大致而言，這一階段沒有靈性可言，處於這階段的人全然不講原則。

我稱他們反社會，因為這些人儘管會假裝充滿愛心，事實上跟周遭人群的關係非常自私，而且以操縱為能事。混沌則是因為既然不講原則，他們唯一遵循的就只有自己的意志。缺乏羈束的意志今天往東，明天可能轉往西，生活也跟著一團混亂。因為如此，處於這階段的人經常陷入困境，坐牢、住院，甚至流落街頭。不過也有一部分人，為了達成野心而能做到良好的自律，博得相當的權力、聲望、地位，甚至可能當上總統或知名的傳道人。

第一階段的人有時會觸及自身生命的混沌，這可能是人類最痛苦的經驗。通常他們會默默承受，但如果痛苦持續不斷，就可能自殺，我認為有些不明原因的自殺案例屬於此類。有時候他們會痛改前非而進入第二階段，這種改變通常來得極為突兀而戲劇化，彷彿上帝真的伸出手拉拔他們的靈魂，使他們一躍至高一階的層次。當事人通常是在無意識的狀態下，發生驚人的改變。如果是有意識的，我相信這個人會跟自己說：「我願意做任何事——隨便什麼事，只要能讓我脫離這場混沌，甚至讓一個組織來管束我都可以。」

擺脫生命混沌

於是他們進入第二階段，我稱之為「形式／組織化」。我用組織化一詞，因為這一階段的人倚賴某種組織約束他們。對某些人而言，這組織可能是監獄。根據我的經驗，每有新來的心理醫師到監獄中工作，總有一名犯人出面召集一群獄友，參加團體治療。他是典獄長的左右手，但又有辦法不至於因此遭人暗算；他是模範犯人、也是模範公民，因為他在監獄中表現良好，所以一有機會就能獲得假釋。但他一出獄門，就立刻變得惡性重大，不消幾星期就又被逮回鐵窗裡，靠著組織的高牆規範他的言行，很快又恢復成為模範公民。

這組織也可能是軍隊，軍隊在很多社會中都扮演正面的角色。要不是軍隊恩威並施的管轄，數以萬計的人都會過著混沌的生活。另外也有人服從結構嚴謹的企業組織，不過掌控最多人的組織可能還是教會。事實上，大多數上教堂的人都處於這個「形式／組織化」的階段。雖然階段之間是漸進變化，沒有明顯的區分，但處於第二階段的人，他們的宗教行為有若干特徵，最明顯可見的是，他們仰賴教會控制一言一行，非常執著於宗教的形式。

處於第二階段的人最討厭別人更動宗教的形式或儀式、修訂禱告詞、引進新的讚美詩。例如聖公會在七〇年代決定，在不同禮拜日輪流用不同說話方式表達同一件事，引起很多人激烈反對，導致教會內部大分裂。不過這階段的人，對宗教形式的改變感到憤怒不安，也是人之常情，因為他們原本就是希望借助宗教的形式，擺脫生命的混沌。

這一階段的宗教行為還有個特色，就是他們幾乎完全把上帝當作外在、與己有別的存在。他們不了解上帝存在於每個人心中，不明瞭神學家所謂的「內在宇宙」——人類的靈魂具有神性，而一口咬定上帝高高在上，遙不可及。在他們的心目中，上帝具有男人的形體，雖然他們也相信上帝有愛心，但是祂擁有懲戒的力量，在應該運用時從不遲緩，是天上一個仁慈的大警察。從各個角度來看，這就是處於第二階段者需要的上帝。

假設兩個在第二階段生根的人相遇，結婚生子，他們會在安定的家庭裡撫育孩子，因為這階段的人最重視穩；他們以孩子為榮，尊重他們，因為教會說孩子很重要，要以他們為榮；雖然他們的愛有時可能帶點法家傾向，也缺乏想像力，但他們的愛心不容否認，因為教會不但告訴他們要有愛心，也教了幾招示愛的方法。

在這麼一個安定而有愛心的家庭成長、受重視、有人以他們為榮的孩子，會是什麼模樣？他們會像吸吮母親的乳汁般，吸收父母的宗教原則——不論基督教、佛教、伊斯蘭教、猶太教。在青春期前，這些原則都會鐫刻在他心上，亦即心理學上所謂的「內化」。他們會成為有原則、能自我約束的人，不再需要組織約束。然而，一旦到了人類發展過程中的青春期，他們就會開始說：「誰需要那些愚蠢的神話、迷信，還有那個老古板的教會？」於是開始脫離教會，成為懷疑論者或無神論者，讓父母感到震驚與憂傷。這表示他們開始轉變，進入「懷疑／強調個人」的第三階段。

追尋通往救贖之路

大致而言，第三階段的人在靈性方面超越第二階段的人，不過照一般定義，他們沒有什麼宗教信仰。他們一點也沒有反社會傾向，反而非常投入，會成為道德重整委員會或環保運動的棟梁；成為充滿愛心與關懷的家長；全心全意追尋真理。如果追得夠深夠廣，就會找到他們尋求的東西：足夠的真理碎片，拼湊成一幅接近完整的畫面。結果發現，它不僅不怎麼美麗，還跟他們仍處於第二階段的父母或祖父母所相信的原始神話或迷信頗為類似。至此，他們將邁入我稱為「密契主義／重視共同體」的第四階段。

雖然密契主義一詞很難界定，而且在我們的文化中還有貶抑的涵意，又經常定義錯誤，但我還是用它描述這個階段。崇尚密契主義的人有幾點特色，他們能看出事物表面之下具有某種凝聚力。自古以來，密契主義認為男人和女人、人類與其他生物、活在世上的人和這世界之外的人之間，有各種關連。來自各文化或宗教的密契主義者，基於對這種互相關連的認知，都主張和諧與團結。他們還常談到矛盾這個字眼。

信奉密契主義的人熱愛密契經驗，同時也知道，解開愈多，發現愈多。他們生活在充滿神祕的世界裡，感到很自在，不像第二階段的人，對所有不夠黑白分明的事物都會感到不安。

這些原則不僅適用於基督教或美國，而是放諸全球皆準，不分國家、文化、宗教。世界所有偉大宗教的一大共同特徵就是，它們似乎可以同時對第二階段和第四階段的人說話，好像教義本來就可以翻譯成兩種不同的版本。以猶太教為例，《舊約·詩篇》第一百一十一首最後一節說：「敬畏耶和華是智慧的開端。」在第二階段的人，這句話可翻譯成：「當你開始害怕天上的大警察時，就開始變聰明了。」對第四階段的人，它的意義是：「對上帝的敬畏，為你指點啟蒙之路。」

基督徒最愛掛在嘴邊的「耶穌是救世主」，也是個很好的例子。對於在第二階段的人，耶穌像童話裡的教母，碰到困難只要喊他的名字，就會隨時趕來搭救。但第四階段的人的解釋是：「耶穌透過他的生與死，為我指點一條通往救贖的明路。」

敵意與認同

不同階段造成的最大問題，就是處於心靈旅程不同階段的人，相互之間會產生飽受威脅的感覺，這也是我們要了解這些階段最主要的原因。

仍處於我們剛脫離的階段的人，在某些方面可能會對我們造成威脅，因為我們對新身分還沒有把握、還缺乏安全感。可是相反情況發生的機率更大，階段領先我們的人，更易令我們感到威脅。

第一階段的人常裝出一副滿不在乎的樣子，似乎對什麼都無所謂。可是你若能看透他們的內心，就會發現幾乎任何人、任何事都令他們膽戰心驚。

第二階段的人不覺得第一階段的人（罪人）構成威脅。他們喜歡這些罪人，把他們當作最佳輔導對象；但第三階段凡事懷疑的個人主義者，對他們是種威脅，第四階段的人更需防備，因為他們表面上相信同樣的東西，信仰中卻帶有可怕到極點的自由。

第三階段的懷疑論者，倒不覺得第一階段那批沒有原則的人對他們構成威脅，也不怕第二階段的人，只把他們當作迷信的傻瓜。可是他們怕第四階段的人，因為他們跟自己一樣能運用科學思考，卻又相信什麼瘋狂的上帝。要是你跟第三階段的人提到

「悔改」（conversion），他們立刻聯想到傳教士扭著異教徒的手臂逼他就範，不惜掀屋頂遁跑。

我很籠統地用「悔改」一詞，稱呼心靈修練的各個進階過程，但是每次轉變都是一種截然不同的經驗。第一階段到第二階段的改變，通常非常突然、戲劇化，第三階段到第四階段的轉變比較漸進，他們在靈性方面，領先那些主要由按時上教堂者構成的第二階段的人。這些人也經過一番心理轉變——不過他們是悔改成為懷疑論者，即如《聖經》所謂的「心的割禮」。他們雖領先那些在特定時刻承認耶穌是救主的人，但還需要經過另一次悔改，才能覓得平靜或正義。悔改不是一時就結束的事，它跟所有靈性成長一樣是持續不斷的程序。

在不同階段間徘徊

我要提醒大家，在論斷別人及自己心靈成長程度時，需要審慎而保持彈性。很多人表面上看來屬於某個階段，但實際上不是。例如有些上教堂的人，照判斷應該是第二階段，可是他們內心對自己的宗教非常不滿，已經開始用科學思維懷疑宗教。

這現象很普遍，有時全體會眾都對宗教半信半疑。在富裕的市郊社區，很多美以美會和長老會的牧師都不在星期天早晨跟會眾談上帝，而是談心理學，他們知道不能談上帝，這樣會造成太大威脅。另面，也有開口閉口上帝，卻絲毫不虔誠，也沒有靈性修養的人。這種人披著第四階段的外衣，活像是某些祕教的領袖，可是事實上是第一階段的罪犯。

同樣的，不見得所有科學家都屬於第三階段。很多人只把科學訓練用在非常狹隘的研究領域上，然後就放心大膽對世間所有其他神祕都視若無睹。這樣的科學家其實還在第二階段。

還有一種在心理學稱作「邊緣型人格」（borderline personality）的人，這種人的特徵是彷彿一腳踏在第一階段，另一腳卻踩在第二階段，一手在第三階段，一根手指頭又在第四階段。他們無所不在，前後不一，這也是我們稱他為臨界的原因：沒有形態可言。

此外，還有人可能在發展到較高的層次後，又退步回去。我們對於從第二階段退回第一階段的人，有個專有名詞——墮落者（backslider）。這種人典型的縱情酒色、好賭成性、生活糜爛，但有一天基本教義派的人跟他談，他得救了。以後幾年，他過著清醒、敬畏上帝、符合正道的生活。但又有一天，他消失了，沒有人知道他去了哪兒，直到六個月後才發現他又回到賭場，過著昏天暗地的日子。後來教會的朋友找他談，他再度得救，又過了幾年正常的生活，直到再次墮落。

還有人在第二和第三階段之間變來變去。例如有個上教堂的人說：「我當然還相信上帝，看大自然多美——青山白雲，繁花盛開。這樣的美景當然不是人類的智慧所能創造，一定是某種神聖的智慧使這世界數百萬年來生生不息。可是你知道，禮拜天早晨，高爾夫球場跟教堂一樣美好，我在球場上一樣可以崇拜上帝。」

所以這個人寧選高爾夫球，放棄教堂。一切都很好，直到他事業出了問題。他說：「我的天，我好久沒上教堂了，我一直都沒有禱告！」他回到教堂，用心禱告，經過幾年，經濟情況好轉——別問我為什麼，也許是他努力禱告產生的效果——他又傾向於第三階段的高爾夫球場。

還有人是在第三和第四階段之間徘徊。我有個這樣的朋友，某幾天，他有非常清明的科學心靈，思緒縝密而理性，講出來的話叫人覺得無聊到極點；但也有些晚上，他喝了一點酒，或吸了一點大麻，突然侃侃談起生命、死亡、意義、榮耀。他說得那麼精采，令我佩服不已。但第二天早晨，他會來找我說：「我不知道昨天晚上著了什麼魔，說了一堆瘋話，我再也不喝酒，也不吸大麻了。」我無意鼓吹使用藥物，只是想指出，在這個特例中，酒精和藥物似乎有助於放鬆，讓他隨自然的召喚行事。但是白天再度來臨時，他會滿懷驚悸地退回他一向習慣的第三階段理性世界裡。

立足不夠堅定時，固然可能墮落回前一個階段，但我們絕不可能因此省略心靈成長過程的任何一個階段，就像企圖在正常人類發展過程中，省略任何純屬心理的階段一樣，萬萬做不到。事實上，這兩種成長模式的進程很類似。例如，五歲以內的孩子跟第一階段的人類似，還沒有內化是非觀念，所以會無限制地撒謊、騙人、偷竊、指使別人。他們長大變為成年的撒謊者、騙徒、小偷、操縱者，是順理成章的結果。令人不解的反而是他們長大後，很多人竟然成為誠實、善良、守法的人。

五歲到十二歲的孩子像第二階段的人，他們或許調皮，不過叛逆傾向不嚴重。基本上，他們認為爸爸媽媽的要求都應該要執行，而且習於模仿和服從；可是邁入青春期後可就天翻地覆了。爸爸媽媽的每一句話，從前跟上帝的旨意一樣，現在則會遭到頂撞或否決，這是個人主義提出質疑的階段。等青春期發揮全副威力之後，第四階段才會開始。

進階或停滯

在不能跳過任何一階段的限制之下，還是有人進展得比別人快。例如我有個朋友，他成長於一個屬於非常執著於宗教形式（第二階段）的愛爾蘭天主教家庭，他十五歲剛踏入青春叛逆期的時候，父親被公司調往阿姆斯特丹，全家人都隨之前往，我的朋友被送入當地一所耶穌會辦的中學。荷蘭耶穌會會士是一批非常成熟的人。事實上，讓教宗若望・保祿二世頭痛已久的問題，就是如何開除荷蘭，因為這個了不起的國家，已經建立了一套第四階段的文化。我朋友由成熟而包容的耶穌會士照顧，他們鼓勵他懷疑，在懷疑上給他引導。等他十九歲從阿姆斯特丹回來的時候，已經進入第四階段了。

有人成長快，也有人卡在原位，停滯不前。多年前，我在一家修道院做輔導，每名志願者成為見習修女之前，要通過正式揀選手續，以決定他們是否適合服事上帝，因而都要跟我面談。

我對一位申請者的印象特別深刻，那是一位四十開外的婦女，主持見習的修女對她不放心，特別要求我跟她談談。雖然她各方面條件都很理想，可是其他申請者和見習修女都不怎麼喜歡她。

我跟這位婦女面談的時候，一點都不覺得面前是個四十五歲的女人。她的神情、儀態，都像個有點憨傻的八歲小女孩。我問到她的靈性修養，她像個乖巧而熟讀教義問答的小女孩，給我的答覆像背書。基於心理醫師的本行，不久我就說：「談談你的童年吧！」

她說：「喔，我的童年美好得不得了。」我立刻感到懷疑，因為沒有人真的擁有美好得不得了的快樂童年。所以我說：「多談一點，有哪些美好得不得了的地方？」她告訴我，她有個年長一歲的姊姊，她們很親近，總是一塊兒玩耍。姊姊編出一個名叫歐果的鬼，有一次她跟姊姊一起在浴缸裡，姊姊喊道：「小心！歐果來了！」她就潛到水裡躲歐果，結果被媽媽打了一頓，我問她為什麼挨打，她說：「因為我把頭髮弄濕了。」

後來我得知這位申請者十二歲的時候，母親罹患多發性硬化症，在她十八歲時去世。在一個因為你把頭髮弄濕就打你、在你青春期一開始就罹患絕症、在你有能力把整個情況理出頭緒前就死去的母親面前，怎麼可能享有青春期的叛逆呢？而沒有經歷青春期叛逆的人，很多可能永遠停滯在第二階段，這名婦人就是如此。

查看心靈地牢

關於心靈成長，還有一件重要的事，就是不論我們發展到多遠，都會保留一部分早期各階段的痕跡，就跟我們還保有已退化的盲腸一樣。

第一階段的罪犯派克，還被囚禁在人格的地牢裡，不過我不會讓他出來。正因為我認知他的存在，所以每星期替他的牢房多加一塊磚。儘管如此，那間牢房相當舒服，鋪著地毯、有彩色電視。有的晚上，若我覺得需要一些行走黑街的智慧，也可能下到地牢去跟他聊聊，不過我當然會小心待在鐵欄杆的這一邊。

同樣的，我的人格上還有屬於第二階段的殘片——那個派克每當面臨重大壓力，都渴望身旁有個老大哥或老爸拿捏主意，解決人生的困難和模稜兩可，教我一套脫困的萬應祕訣。有時我會餵他清水和麵包。

也有一個第三階段的派克，他在面臨某些壓力的時刻後退，寧可運用科學而不用心靈處理問題。我曾經告訴別人，如果美國精神醫學會請我去演講，我很可能只談能夠用實驗觀察的研究結果，絕口不談無法用科學方法衡量的心靈。然而事實是，我真的應邀前往演講時，是把第三階段的派克跟第一階段的派克一塊兒扔進地牢裡。

不論你的修練進步到什麼程度，都不可能消滅早期心靈階段留下的痕跡。要是你現在沾沾自喜，自認為已經十拿九穩踏上了第四階段的正義之路，別忘了查看一下地牢。相對的，不論你覺得優越或自卑，認清每個人內心深處都有超越目前階段的跡象、蓄勢待發的潛力，也會有幫助。作家王爾德說得好：「每個聖人都有不可告人的過去，每個罪人都有美好的展望。」

另外還有一個需要保持謙遜的理由。我第一次談心靈發展階段，是在跟心理學者維茲（Paul Vitz）共同主持的研討會上，他是全美領導心理學與宗教整合的權威。我發言後，他擔任講評說：「我聽了派克醫師介紹的各階段，非常感興趣，我認為他的觀念很實際，甚至打算運用在我自己的心理治療工作上。可是我希望大家記住，他提出的第四階段，不過是個起點。」

第八章 回歸伊甸園的路

成為酒精和毒品奴隸的人，往往比一般人更渴望重返伊甸園，這表示他們比多數人更努力追求靈性和上帝，應將之視為進化的潛力。

我必須承認我是個有癮的人。說得更清楚點，我對尼古丁的癮已經無可救藥。我寫關於自律的文章，也發表這方面的演說，可是我卻做不到戒菸的自律。

招供之後，我先要強調毒品與酒精上癮是多方面、多向度的問題，雖然在此只討論它的心理與心靈層面，但我無意忽視它也有生物學與社會學方面的淵源。研究指出，酗酒是遺傳性的疾病，可是並不代表有酗酒基因的人，一定成為酒鬼，或一旦成為酒鬼，就永遠無法戒酒，只能說這類失調有生物學的淵源。

上癮可視為偶像崇拜，如酗酒者把酒瓶當作偶像。偶像崇拜有很多形式非常明顯，例如沉迷賭博、性活動或財迷心竅，都是成癮；但也有很多形式不見得一望即知，過度崇拜家庭就是個例子。如果用行為或言辭討一家之主歡心的重要性，超過服膺上帝的旨意，就會淪為家庭偶像崇拜的受害者。整個家庭變成了一種偶像，往往對個人造成莫大的壓迫。偶像崇拜或上癮的形式不計其數，很多都比吸毒更危險，如對權力上癮，對安全感上癮。

在此我們把討論的重心放在酗酒和吸毒問題上。成為酒精和毒品奴隸的人，往往比一般人更渴望重返伊甸園——希望到達樂園、天國、回家。他們迫不及待要尋回那種自離開伊甸園就失落的溫暖、與自然合一的感覺。所以小說家馮內果的兒子馬克，寫了一本談他患精神病和吸毒經驗的書，就把書名取為《伊甸園快車》（*The Eden Express*）。可是人當然回不了伊甸園，只能向前穿越苦痛的沙漠。唯一回家的路是最艱辛的路，可是回家意願強烈得不得了的上癮者，卻走錯了方向——向後而非向前。

處理這種回家意願的方法有兩種。一種是把它當作退化現象，不僅想回伊甸園，也想回到子宮；另一種則是把它視為進化的潛力：上癮者有回家的渴望，證明他們比大多數人更努力追求靈性和上帝，只不過他們搞錯了方向。

酒精和靈魂

很少人知道，榮格在結合心理學和靈性修養方面的貢獻，無人能及，他間接促成「匿名戒酒會」的成立。一九二〇年代，榮格有個酗酒的病人，經過一年的治療毫無進展，最後榮格攤開雙手對他說：「你來看我只是花冤枉錢。我不知道怎麼幫助你。」那人說：「難道我沒有希望了嗎？你不能提供任何建議嗎？」榮格說：「我唯一的建議就是你設法尋求宗教的悔改。我聽說有人在悔改信教後，戒酒成功，這種發展很有道理。」那人接受榮格的忠告，設法悔改信教。找尋就能找到嗎？信不信由你，他成功了。經過六年努力，他找到宗教信仰，也不再喝酒。

不久之後，他遇見過去一起喝酒的老朋友艾比。艾比說：「喂，喝一杯吧！」他說：「不，我再也不喝了。」艾比大吃一驚：「你這話是什麼意思？你不喝酒了？你跟我一樣是個無可救藥的酒鬼啊！」那人就把榮格教他悔改信教的事解釋了一遍。艾比認為這是個好點子，於是也設法悔改信教。他花了兩年功夫，也戒了好一陣子的酒。

然後，有天晚上，艾比遇見過去一起喝酒的老朋友比爾。比爾說：「艾比，來喝酒啊！」艾比說：「不，我再也不喝酒了。」這回輪到比爾大吃一驚：「你這話什麼意思？你不喝酒了？你跟我一樣是個酒鬼啊！」於是艾比把他遇見榮格的病人，他透過悔改信教戒酒，以及自己用同樣方法成功戒酒的故事說了一遍。

比爾認為這是個好主意，所以也設法悔改信教，而且他只花了幾星期就獲得了成功。不久之後，他就和另一位創辦人鮑伯在俄亥俄州阿克隆市舉辦了第一次匿名戒酒會的聚會。

大約二十年後，業務有了長足的進展，比爾寫信告訴榮格，他無意間促成匿名戒酒會成立的經過。榮格回了一封非常感人的信，他表示很高興接到比爾的信，很高興聽說病人有進步，對於自己無意間扮演的角色也很欣慰。可是他說，最令他高興的是，他認為，西方語言傳統上，酒精和靈魂（spirit）用同一個字表示，並非巧合。也許酗酒者比一般人更渴求靈性，也許酗酒是心靈上的疾病，或更貼切的說，是一種心靈狀態。

所以有兩種方式看待上癮者回家的渴望，兩者都正確。對上癮退化的一面完全置之不理，是一項錯誤，可是根據我與上癮者接觸的經驗，強調積極面會帶來更大的收穫。所以在治療上癮者時，最好的方法不在於強調退化現象，而應著重進化的方面——追求靈性、追求上帝。

超級悔改計畫

三十年前，我接受心理醫療訓練的時候，心理醫師已經知道，匿名戒酒會助人戒酒的成功紀錄，遠超過心理治療。可是我們認為，這種組織不過是附近酒吧的代用品，我們認為酗酒的人具有所謂的「口腔期性格失調」（oral personality disorders），如果不喝酒，他們就去參加匿名戒酒會的團體治療，說一大堆話、喝一大堆咖啡、抽一大堆菸，藉此滿足「口腔」的需求。心理學家輕蔑地說，這就是匿名戒酒會運作的方式。

我很慚愧地向讀者承認，大部分心理醫師仍然相信匿名戒酒會是一種上癮的替代品，我不能說這種觀念完全沒有根據。「替代上癮」可能占匿名戒酒會成功因素的百分之〇・五，但主要原因卻是「計畫」，其中至少有三種原因使得計畫奏效。

第一個原因，匿名戒酒會提出的戒酒十二步驟，是目前唯一從悔改信教著手的計畫，不過該會稱之為「心靈」悔改，因為主事者不希望給予外界一種宗教組織的印象，它實際上也不是。但是十二步驟的中心思想，就是追求更高的力量，計畫告訴參與者，他們之所以要涉越沙漠，只為了接近「我們心目中的上帝」。

匿名戒酒會利用教會的場地，卻不隸屬任何宗教組織。他們也刻意淡化計畫的「靈性」層面，以免對這方面有戒心的人卻步不前。很多人聽到宗教都會退避三舍，一般人對被感化會有抗拒心理。因此，匿名戒酒會並不好做。

有個例子可以說明它推展的困難，曾有一位有酗酒問題的主管來找我，因為匿名戒酒會「不管用」。他的意思是，過去六個月來，他每隔一天晚上參加一次匿名戒酒會的聚會，但不去的那個晚上，他照舊喝得爛醉。他不明白為什麼這項計畫會失效，因為他對下一步驟瞭若指掌。

聽他這麼說，我有點意外地說：「據我的了解，十二步驟是一套相當複雜的心靈智慧，一般人可能得花三年才能了解一點皮毛。」他承認我的話或許有點道理，因為他對所謂更高的力量，真的是一點都不懂，可是他確信至少第一步驟他已非常了解。

我說：「那麼它說的是什麼呢？」

「我承認我對酒精無能為力。」

我追問：「那是什麼意思？」

「就是說我大腦有生化方面的缺陷，只要一沾酒精，就被酒精控制，完全喪失意志力。所以我一定不能喝第一杯酒。」

「那你為什麼還喝？」

他沉默不語，顯得很困惑。

我說：「也許第一步驟只是說，你一喝下第一杯酒就會喪失對酒精的抵抗力，可是你甚至在喝第一杯酒之前，就已經對酒精沒有抵抗力了。」

他用力搖頭說：「不是這樣的，要不要喝第一杯，由我決定。」

「那是你說的，可是做起來不是這麼回事，對吧？」

但他堅持：「還是得看我自己。」

所以我說：「好罷，那就照你的法子做吧！」

這位主管還沒有做到第一步驟所要求的降服，至於其他十一步驟就更不必說了。

心理重建計畫

匿名戒酒協會成功的第二個原因，在於它是一個心理計畫。它不僅告訴人為什麼我們有必要越過沙漠去追尋上帝，也談到很多能通過沙漠的方法。它教的方法主要可以分為兩類。

第一類是運用警句和格言。我已經提過幾句，像是「裝久了，就像真的」、「我不好，你也不好，可是沒關係」，還有很多其他佳作：「你唯一改變得了的人就是自己」或「一次只活一天」。

我要講一個私人的故事，說明我為什麼重視格言。我有一位每個男孩都該擁有的祖父，他不算特別聰明，說出來的話大多是陳腔濫調。他會告訴我：「走一步，做一步」、「不要把所有雞蛋放在一個籃子裡」。他給的不全是告誡，也有安慰，像是：「與其做大池塘裡的小魚，不如做小池塘裡的大魚」、「一味工作不遊戲，會使人遲鈍」。

祖父經常重複已經說過的話，像是「不要以貌取人」，我聽過不下一千遍。可是他愛我，從我八、九歲到十三歲，每個月我都要前往曼哈頓祖父母家與他們度一個週末。這些週末的儀式千篇一律，我會在週六的上午及時趕到，吃祖母為我預備的午餐，當年還沒有電視，所以飯後，祖父會帶我去看連放兩場的二輪電影，陪我把兩部片子都看完。

在我們往返電影院途中，我不但聽他告訴我各種格言，還有機會消化和吸收，這麼多年來，金玉良言的智慧一直給我很大的支持。他若知道，很可能會說：「良藥也須加糖才能入口。」

除了能有效的運用格言，匿名戒酒會還有一個有效的機制：「觀護人機制」。你加入匿名戒酒會或採用十二步驟的計畫，經過一段時間，就可以挑選一位觀護人，這些人其實是業餘的心理治療師。

倒不是說觀護人可以完全取代收費的專業心理醫師，他們在若干方面不見得那麼高明。我對匿名戒酒會了解那麼多，是因為有些病人在那兒花了幾年功夫後，又來找我，他們認為心理醫師可以給他們一些從觀護人那兒得不到的東西。在嘗試提供他們那額外的一點東西的過程中，我從他們那裡獲得很多知識。

十二步驟有個很好的傳統，就是你的修養可以超越觀護人，就這一點而言，我認為觀護人機制要比傳統治療方法來得更為高明。受輔導的人可以去找觀護人，對他說：「我很感激你過去三年來對我的幫助，可是我現在準備換一位更成熟的觀護人來幫助我。」觀護人可能回答：「我完全同意你的看法。很高興我幫得上忙，而且看到你有這麼大的進步。」很多心理醫師可能不會用這麼友善的態度，對待成長超越自己的人。

共同體計畫

匿名戒酒會能生效，第一，它是一項促成心靈悔改的計畫，讓大家了解為何要橫越沙漠，尋求上帝；第二，它運用心理學的技巧，透過格言與贊助人，教大家橫度沙漠的方法。匿名戒酒會收效宏大的第三個原因則是，它讓大家知道，橫度沙漠時自己並不孤單，它是一項共同體計畫。

自從我離開心理醫療的崗位，這些年來，我一直跟一群人一起努力拓展「團體激勵文教基金會」（Foundation for Community Encouragement）。我的書《不同的鼓聲》寫的就是這件事。我在書中指出，只有面臨危機時，共同體才會自然發展。所以在加護病房外守候的陌生人，很快就能分享彼此的恐懼和快樂，因為他們躺在走廊另一頭的親人，已列入病危名單；又如在重大災變時，例如一九八五年的墨西哥市大地震，四千餘人死亡，地震後數小時，平時以自我為中心的富家青少年跟貧窮的勞工，發揮無私奉獻的愛心，二十四小時攜手不停工作。

唯一的問題是，一旦危機過去，共同體也宣告結束，結果有數百萬人為危機的消逝扼腕。每個週末晚上，甚至可能任何一個晚上，都有數以萬計的退伍老兵在酒吧或俱樂部裡，喝得酩酊大醉，懷念二次世界大戰。他們對戰時念念不忘，因為儘管當時又冷又濕、隨時有生命危險，但那種生死與共的袍澤感情、人生意義，承平時期卻再也找不回來了。

參加匿名戒酒會的酗酒者不但有福分，也很有才情。

酗酒本身是一種福分，因為酗酒是顯而易見對人有害的疾病。其實酗酒者不見得比不酗酒的人更不健康，每個人都有自己的憂傷與恐懼，也許我們沒有意識到，但這些情緒是存在的。每個人也都有難題，只不過酗酒者無法再加以掩飾，其他人卻還戴著平靜的面具罷了。一般人無法彼此討論自己最重視的事、訴說自己的心是如何感到碎裂，所以酗酒最大的福分就在於，這種疾病的本質讓大家看見當事者的困境，然後他們可以加入一個共同體，例如匿名戒酒會的治療團體。

之所以說加入匿名戒酒會的酗酒者有才情，因為他們以正在康復中的酗酒者自居，他們不認為自己已經康復，也不說自己曾經酗酒，而是正在康復的酗酒者。透過現在進行式的「康復」一詞，他們不斷提醒自己，康復的程序還沒有結束。危機既然還沒有過去，共同體也就沒有瓦解之虞。

我為「團體激勵文教基金會」工作，遇到最棘手的問題就是向別人解釋基金會的內容。只有參加過十二步驟計畫的人一聽就能馬上了解，因為在他們面前，我可以說，這樣的組織希望能告訴大家，不需要先成為酗酒者，不需要等危機出現，就可以形成共同體；更進一步想告訴大家的是，我們已經陷入危機。

共同的救贖

在美國這個以迴避痛苦為能事的文化中，對心理健康抱持一種很奇怪的態度。美國人認為，心理健康的特徵就是沒有危機存在。這絕非心理健康的徵象。健康心理的一大特徵就是，及早面對危機的能力。

近來「危機」成了個時髦名詞，例如人人在談的中年危機。可是早在這個名詞出現之前，我們就知道女人有中年危機，也就是更年期。很多五十多歲停經的女人，會覺得心慌意亂，不知所措。但有趣的是，不是每個女人都如此，我可以告訴你為什麼。

一個心理健全的女人，不會在五十多歲時陷入更年期帶來的中年危機，因為她一生中有多次處理小危機的經驗。例如，她二十六歲的時候攬鏡自照，發現眼角已有魚尾紋的蹤跡。這時她可能會跟自己說：「我想好萊塢星探大概不會來了。」十年後，她三十六歲的時候，最小的孩子已經上幼稚園了，她想：「我該放點心思在自己身上，不要只顧著照顧孩子了。」這樣一個女人到了五十多歲，即使月經停止，也能安然度過。除了有次熱潮紅，她沒有其他煩惱，因為二十年前，她已經解決過更年期的問題了。

另一方面，會出問題的女人是那種一直在等著好萊塢星探出現、對家務以外的世界始終沒有培養出興趣的人。過了五十大關，月經停止，再多化妝品也掩飾不了臉上的皺紋，子女陸續離家，留下的不僅是空屋，還有空洞的心靈，她會崩潰實在是意料中事。

男人也會有同樣普遍、同樣嚴重的中年危機。不久前我才經歷了第三度的中年危機，從十五歲以來，我不曾感到如此沮喪，這個過程真的很痛苦。我只想強調一件事，無分男女，衡量心理健康的標準，不在於我們多麼有辦法規避危機，而在於是否能及早面對危機，同時向下次危機挺進。或許也可說是，人的一生能容納多少危機。

強迫性的戲劇化誇大傾向，是罕見而為害甚烈的心理失調，約百分之一的美國人有這種問題，他們時時刻刻需要尋找刺激。但還有一種為害更大的心理失調，百分之九十五的美國人都難逃其影響，那就是生活太缺乏戲劇味，鎮日混沌過活，對生命的重要本質毫無覺悟。

我們亟需賦與危機應有的尊嚴。所謂危機，包括某幾種沮喪和一切形式的痛苦。只有透過這些痛苦與危機，我們才會成長。參加匿名戒酒會的人，因為總處於逐漸康復的狀態，所以生活在持續的危機之中。他們互助合作，適應長期的危機生活，共同體就是如此運作。

我可以告訴你共同體是怎麼回事，可是我無從讓你體會共同體的感覺。一群人圍坐談論莫名其妙的怪事，彼此對話、一塊兒哭泣、一塊兒笑、互相碰觸，他們產生互動的方式具有一種特質，帶有神奇的力量，使路過的陌生人不由自主受到吸引。就像愛的馨香從小巷散發出去，使人像蜜蜂受花朵吸引般前來。大家會說：「我還不懂這是什麼，可是我要加入。」

我們曾經在設備最簡陋的旅館裡，舉辦研討如何成立共同體的工作坊，櫃檯接待員跟服務生特地跑來說：「我不知道你們在幹什麼，可是我三點下班，我可以加入嗎？」所以我對共同體的發展有了概念。

因此我相信，二十世紀最偉大、最具積極成效的一件事，可能就是一九二五年在俄亥俄州阿克隆市所舉辦的第一場匿名戒酒會聚會。這不僅是自救運動的開始，也是科學與心靈整合的起點，更掀起共同體運動的熱烈發展。

所以我認為上癮是一種神聖疾病。我跟匿名戒酒會的朋友聚首時，總會達成一項結論：上帝可能故意創造酗酒的問題，好讓酗酒者成立匿名戒酒會，推廣共同體運動，使之成為所有酗酒者、上癮者，甚至全人類的救贖。

第3部 信仰

每個人都能從宗教中汲取智慧，
由內而外整合自我，
並培養對新觀念開放的態度，
如此，我們將擁有最滿足、成熟的人生。

第九章 追尋心靈宗教智慧

在心靈的旅途中，需要宗教真理做為指標，但路線有很多種，每個人必須自行抉擇。

《天人合一：所有宗教的共同教義》（*Oneness: Great Principles Shared by All Religions*）一書封面上，印有達賴喇嘛的一段話：

全世界所有的大宗教都秉持同樣的愛心觀念，企圖透過靈性修養謀全人類的幸福，並且使信徒成為更善的人。

從書中可以發現，全世界所有宗教的創立者，像是耶穌、佛陀、孔子、穆罕默德，都宣揚愛人如己的觀念。不論你選擇皈依基督教、猶太教、印度教、道教、佛教或伊斯蘭教，都必須接受若干基本的真理，因為在心靈的旅途中，需要這些真理做為指標。我不能告訴你哪種宗教比較好，這是因人而異的問題。

人與人的差異何其大，每個人都有不同的天賦。不知道是否在每個人出生前，獨特的個性就已鐫刻在個別的靈魂上，或獨特性是遺傳基因的一部分，我只知道這是與生俱來的特質。

獨特的生存使命

我有兩個女兒，從出生的醫院帶回家開始，她們的表現就明顯不同。如果分別是女兒和兒子，我們也許會說：「他們性別不同，所以不一樣。」可是她們既然同性，我們就清楚感覺到，這兩個孩子真的生來就截然不同。

人生來就不一樣，每個人必須解決的問題中，也就包括如何面對自己的與眾不同，以及如何跟其他人相處而不損及自己的獨特之處。不同的人有不同的生存使命，每個人的使命都很獨特，各自擁有一份神祕的自由意志，在某些生理限制和個人天賦的範圍中運作。我寫作《心靈地圖I》的一大遺憾，就是把人生旅途描寫得好像比實際單純。重讀此書，我對冥冥中揭示給我知道、經過我宣揚的真理的深度，仍感到驚訝不已，可是也很遺憾，當時我未曾把世界上存在的多種可能性，全部在該書中列出。

多樣性的好處很多，而成員的多樣性是組成共同體的要素，因為種類繁多，才會完整。我們可以嘗試的路線也有很多種，因為每個人都獨一無二，所以必須自行抉擇。只要我們再三尋覓及自問，答案終有一天會出現。

甘地曾說：「不同的宗教往往殊途同歸。只要能到達相同的目的地，走不同的路又有什麼關係？」每個人都在險峻的山石和荊棘遍布的道路上掙扎前行，尋求個人的信仰。

真正的上帝不同於任何宗教組織，祂沒有區分之心。只要你努力找尋祂，祂就會走過一大半路程來跟你會合。到達上帝那兒的路有無數條，有人經由酗酒找到上帝；有人像我一樣經過禪宗；也有人經過被視為異端邪說的「新思想教派」（New Thought），我還知道有人經由閱讀名人偉人的著作，找到上帝。每個人要經過不同的準備階段，一旦準備妥當，就可以從任何事中獲得啟發。

有位基督新教的牧師，禮拜結束後，正在跟會眾握手道別，行列最末是個偶爾才來上教堂的男子。這人走過來說：「牧師，你今天的講道有句話給了我莫大的啟示。太感謝你了！這對我太有幫助了。你的話使我的生活徹頭徹尾改變，謝謝你！」

牧師受寵若驚地說：「真高興我幫得上忙，可是我很好奇，你指的是哪一句話？」

這人答道：「你大概還記得，你在講道一開始就說，今天早上要跟我們談兩件事，講到中途，你又說：『我要講的第一部分就到此結束，下面接著講第二部分。』就在那時，我突然覺悟，我人生的第一部分已經結束，現在正是我開始第二部分的好時機。牧師，謝謝你，真是感激不盡。」

我的追尋

我透過佛教禪宗的修練找到上帝，可是那不過是路程的第一部分。浸淫禪宗二十年之後，我卻為自己選擇了基督教的路，我相信是禪宗使我做出這樣的選擇。皈依基督教的人必須有接受矛盾的心理準備，禪宗——很多人認為它不是宗教，而是哲學——就是訓練矛盾思考的理想學校。若沒有這方面的訓練，我想我絕對無法接受基督教裡字面上處處可見、神威可怖的矛盾教義。

我在《心靈地圖I》出版後幾年，才成為基督徒（別忘了，那本書開宗明義第一句話「人生困難重重」，本來就是佛教的真理）。不過潛意識中，我已經朝那個方向行進了相當一段時間。有位重要人物對我說：「你在《心靈地圖I》中，把你的基督教信仰偽裝得真好，這是向讀者撒播基督教訊息的好辦法。」我誠實回答：「我根本沒想到要偽裝我的基督教信仰，我當時不是基督徒。」

《心靈地圖I》可說明當時我在旅程中所處的位置。從那時起，我在心靈的進程上，又向前走了不少距離，但也可以說我幾乎沒什麼大幅移動。因為出書以來，我做的事大部分只是進一步釐清書中提出的觀念。

大約三十歲時，我的心路歷程因閱讀魯益師（C.S. Lewis）所著的《大榔頭寫給蠹木的煽情書》（*The Screwtape Letters*）而發生重大改變。這是一本書信體的小說，由名叫大榔頭的老魔鬼寫給他的姪兒蠹木（Wormwood）。蠹木奉命到人間，暗中破壞一個年輕人的靈性修養。有一次，在年輕人因大榔頭和蠹木而一再出紕漏，開始信奉基督教之後，大榔頭告誡蠹木，要設法讓年輕人「把他的時間當作自己的時間」。剛開始我看不懂這句話，讀了三遍，甚至懷疑是否排版出了錯誤。人若不把自己的時間當作自己的時間，還能怎麼想？

後來我突然想通了，我的時間可能屬於一個比我崇高的力量。有好一陣子，這觀念讓我很不舒服，直到今天我還在學習如何把時間交由上帝支配。向至高無上的旨意屈服，永遠有程度之分，可是這是一件可以靠學習改善的事，就如同我曾經向魯益師學習一般。但直到十多年後，我才真正屈服，受洗而成為基督徒。

正視自身所作所為

我之所以愈來愈受基督教吸引，主要原因是我逐漸相信基督教的教義對罪的本質有最正確的理解，那是充滿矛盾、多層次的理解。矛盾的第一面就是基督教認為每個人都是罪人，不可能不犯罪。罪有很多可能的定義，但最常見的根本偏離了正題。事實上我們不可能永遠表現得恰如其分，有時候只是一不小心，不論多麼善良的人，都不免偶爾因疲倦或過於自信，而顯得不夠努力。我們不可能什麼事都做得十全十美。

基督教保留了這樣的空間。事實上，加入基督教會的一大先決條件，就是你必須是個罪人，如果你不認為自己有罪，就沒有資格進入教會。可是矛盾的另一面是，基督教認為只要你認罪、懺悔，那麼所有的罪就此滌清。「懺悔」是個關鍵字眼，唯一需要的就是為自己的所作所為，覺得難過、痛苦。只要承認自己有罪、然後懺悔，你的紀錄就又恢復清白，彷彿罪從來不曾存在，每次都可以潔白無瑕地重頭開始。

關於這個觀念，有則很可愛的故事。有個菲律賓小女孩說她跟耶穌談過話，全村居民都非常興奮。消息傳到附近幾個村落，更多人感到興奮。最後連馬尼拉的主教也聽到這件事，主教開始擔心，因為未經教廷認可的聖人，是不可以隨便在天主教堂裡招搖的，於是他派一位高階神職人員調查此事。

小女孩被帶到主教公署，經過一連串心理神學的問話，加以診斷。最後主持調查工作的神職人員雙手一攤說：「我不知道對這一切該如何解釋。我不知道你說的是真還是假，可是有一個最好的試金石。下次你跟耶穌談話時，我要你問他，我前一次懺悔時說了些什麼。你願意嗎？」小女孩答應了。下一個星期，她再度來接受詢問。神職人員幾乎掩飾不住殷切的心情，問她：「乖孩子，你這個星期又跟耶穌談話了嗎？」

她說：「是的，神父。」

「你有沒有記得問他，我上次懺悔說了些什麼？」

「問了，神父。」

「好呀！那麼耶穌怎麼回答？」

小女孩說：「耶穌說：『我忘了。』」

有兩種方式解釋這則故事。一個可能性是這個聰明絕頂的小女孩心理失常，但更可能的解釋是她真的跟耶穌談過話，因為她的回答正代表典型而純粹的基督教教義。只要我們認罪和懺悔，罪就被遺忘，在上帝心目中消失無痕。

真實的耶穌

人家問我成為基督徒後，是否有「再世重生」之感，我說：「也許吧，但即使如此，陣痛過程拖得太久，有難產的感覺。」這趟旅程有好幾個里程碑，但最重要的就是我四十歲時第一次讀福音書。當時我已經完成《心靈地圖 I》的初稿，我是那種先把文章寫完，再做研究考證的人，所以我雖然引了好幾段耶穌的話，卻還未查對原文。

閱讀新約四福音使我強烈地感受到神恩。要是十多年前，你問我耶穌是真是假，我會告訴你，大量證據顯示歷史上真有耶穌其人，他顯然是個相當有智慧的傢伙，但是因為太多嘴而被「當局」處死，後來不知什麼緣故，有人以他為中心建立了一種宗教。我會這麼回答，把這當作全部的真相。我還知道四福音作者並非與耶穌同時代的人，耶穌去世超過三十年，他們才動手寫第二手、第三，甚至第四手的記載。像我這麼注重理性的現代知識分子，只能假設他們都善於公關宣傳或潤飾故事。

等我終於開始閱讀福音書的時候，已經有十幾年嘗試為人導師和治療患者的經驗，我對教導和治療略有所知，也知道扮演導師和治療者是怎麼回事。根據我切身的經驗，福音書把耶穌描寫得栩栩如生，帶給我無比的感動。我發現耶穌幾乎無時無刻不感到沮喪，每一頁都洋溢著這種情緒。「我要怎麼跟你們說？我必須說幾次？到底要我怎麼說你們才肯聽？」我看到一個經常感到悲傷、失望、焦慮、害怕的人；他曾受偏見困擾，但終能把偏見化為具有療效的愛；他非常寂寞，但又迫切渴望獨處。我在耶穌身上，看到一個無比真實的人，絕沒有任何人捏造得出。

如果福音書的作者真如我過去所想，善於粉飾包裝的話，那麼他們應該會創造出一個至今四分之三的基督徒仍奉為理想的那種耶穌——臉上永遠掛著甜蜜的微笑，到處摸小孩的腦袋，以一種泰山崩於前而色不變的鎮定在世界行走，永遠保持心情平靜。可是《聖經》中的耶穌如果照一般世俗的標準看，心情從來沒有平靜過，我們若追隨他的腳步，恐怕也難能平靜。所以，平靜也許不是重點。

我從那時開始懷疑，福音書的作者不是公關專家，而是非常確實的報導者，他們不厭其煩，盡可能把一個他們雖未必了解，但知道天地在他身上會合的人，一言一行都正確記錄下來。就從那時起，我愛上了耶穌。

大多數基督徒似乎都沒有讀過福音書，大多數基督教的神職人員也沒有宣講福音書的真相，否則會眾很可能會奪門而逃。

我不是說福音書的記載全都正確無誤，有些部分明顯可以看出是後人的增補，也有很多部分缺漏，例如耶穌的幽默感和他的性生活。後者可能是故意遺漏，因為我覺得耶穌對性的態度很曖昧，他似乎很喜歡抹大拉的馬利亞，這名女子很可能是個妓女，但他又跟使徒約翰非常親密，書上說約翰是「耶穌的所愛」。我相信耶穌被刻畫成兼具男女兩性的人物；換言之，不是無性，也不是單性，而是具有全部的性別。但從現有的記載中，我們可以充分看到他真實的人性和超凡入聖的天才。

我和妻子莉莉原本是緬因州濱海一家小型鄉村俱樂部的會員，幾乎每年夏季我們都會去住個幾天。《心靈地圖I》出版時，我們正好在那兒，出於自戀心態，我在抵達的二十四小時內，就竭盡可能讓俱樂部裡的每個人都知道我剛出了一本書，我不僅是個心理醫師，也躋身作家之林了。不久，我就後悔自己是那麼的自戀。住在那兒的第二晚，來賓中有一位以替人處理民事訴訟官司出名的律師，趁酒會來找我搭訕：「聽說你寫了一本書，是哪方面的書？」

我說：「關於心理學和宗教的整合。」

「好得很，你寫了些什麼？」他以職業化的咄咄逼人繼續追問。我有點不知所措地回答：「寫了很多，我不知道你願不願意花一個鐘頭，聽我告訴你我寫了些什麼。」

他說：「你說得對，我不打算做這種事。我只希望你用一、兩句簡單扼要的話告訴我，書上寫了些什麼。」

我說：「我要是做得到，就不必寫一本書了。」

他堅持說：「胡說，我們從事法律工作的人常說，任何值得說的事，都可以用一、兩個簡單扼要的句子把它說清楚。」

我唯一能做的反應就是說：「那麼你恐怕不會認為我這本書的內容值得一聽。」

然後垂頭喪氣地走開。

耶穌的一大天才，就是他面臨這種情況時，應對的方式比我優雅無數倍。當年，說巧不巧，從人群中走出來的也是一名律師，這人對他說：「算了吧！耶穌，你到底要說什麼？我不想聽什麼登山寶訓式的長篇大論，用一、兩個簡單扼要的句子，把你要講的道理說一說。」耶穌應他的要求，說了兩句非常簡單的話，簡單到可以合併成一句話。他說：「你要盡心、盡性、盡意、盡力愛主你的神。愛人如己。」

這就是基督教的本質。不幸的是，大多數人並不了解這幾句話背後的熱情——用全部的心、靈魂、力量愛神，就是把自己全部交給祂。把自己交給上帝的過程非常漫長而艱苦，我雖已成為基督徒多年，卻還沒有完全做到這一點。

把自己交給上帝

我讀了福音書，《心靈地圖 I》也出版在即，我決定讓自己度個假。我不想跟家人出去旅行，也不想獨自到海灘上坐著發呆。然後我有個瘋狂的念頭，我想靜修，嘗試一樁截然不同的事！所以我找到一家修道院去住了兩星期。

我對這次靜修有多項期許，其中一項是戒菸，只有在那段時間裡，我成功地辦到了。不過我最重要的目的是決定，萬一《心靈地圖Ⅰ》使我一夕成名，接下來該怎麼辦。一旦有名之後，我是否該放棄隱私，到處巡迴演講，或者像作家沙林傑一般，躲到森林裡隱居，更換一個不列入登記的電話號碼？我不知道該如何抉擇，也不知道上帝希望我走哪條路。所以我在行事曆上排的第一優先事項就是，借助靜修的安寧和環境中的神聖氣氛，尋求上帝的啟示，脫離左右為難的困境。

我認為多注意自己的夢會有幫助，因為我相信夢境可以做為接收啟示的好工具。於是我開始記錄每一場夢，可是夢中大多只有橋梁或大門等簡單的意象，它們的意義我早已知道，也就是說我的人生正面臨轉捩點。

其中有一較複雜得多的夢，夢中我在旁觀一個顯而易見屬於中產階級的人家。這家人有一個十七歲的兒子，是任何父母都夢寐以求的那種小孩。他是高中畢聯會主席，要在畢業典禮上致詞，又是足球校隊的隊長，長得很帥，課後還打工，好像這一切優點還不夠，他又交了一個漂亮文靜的女朋友。

更難能可貴的是，這男孩有駕駛執照，而且以他的年紀而言，他表現出來的負責和成熟也極為少見。不過，父親不准他開車，他堅持不論兒子要去哪兒，練足球、工作、約會、畢業晚會，都親自送他去。除了這樣沒有道理的設限，父親還要求兒子每次都從辛苦賺來的錢當中，付他五元做為這種根本沒有必要的接送的代價。我從夢中醒來時，只覺得怒火填膺，恨透了這個專制而又卑鄙的父親。

我不知道該如何解釋這個夢，它似乎沒有任何意義。可是把它記下三天後，我發現我在寫父親這字時，都用大寫字母，所以我自問：「你會不會把這個父親當作天父上帝？如果這樣的話，你有沒有以那個十七歲的男孩自居呢？」於是我發現，我終於獲得了啟示，上帝對我說：「你只要把車費付了，開車的事由我來！」

有趣的是，我一直把上帝當作好人，但是在夢裡，我把祂刻畫成一個專制、控制欲過於強烈的壞蛋，至少我對祂這種行為滿懷憤怒與敵意。問題在於這並非我所希望得到的啟示，我只要上帝給我一個建議，就像徵詢投資顧問或會計師一樣，我高興接受時就接受，高興拒絕時就拒絕。我尤其不想聽上帝說：「開車的事由我來。」

十六年後，我還在努力服從這個啟示，學習把自己交給上帝，心甘情願讓祂駕馭我這仍未脫離青春期的人生。

靜修期間還發生了一件大事，就是我開始考慮皈依基督教。這念頭不是很愉快，我覺得要做到這一點，會造成好幾種層次上的死亡。例如，我一向習慣自行操控時間。我有預感，一旦成為基督徒，我的時間就不再屬於我，而變成基督、上帝，以及神祕的「基督聖體」的時間。我對自己時間的主權就此死亡，感覺簡直像死去一樣。

沒有人喜歡死，所以我盡可能拖延時間，用一切想得出的藉口規避受洗。最好的藉口是我不能確定究竟是要接受東正教、羅馬天主教、聖公會、長老會、路德會、美以美會或浸信會的洗禮。因為這個複雜又有學問的派系問題，至少得花三十年研究才能解決，所以我乾脆就把受洗的問題擱置一旁。可是我忽然覺悟，我根本不需要選擇教派，因為洗禮是超乎所有教派的儀式。

我終於在一九八〇年三月九日受洗，主持洗禮的是一位來自北卡羅來納州的美以美會牧師，地點則是紐約聖公會一座修院裡的小教堂。這場儀式刻意突破教派的局限，自此我也盡力維護不偏袒任何教派的立場。這麼做的一大好處是不必擔心因教派不同而樹敵，但最主要的是，我不相信宗派的區分。我只相信不同出身背景的人，可以有不同的崇拜方式，但如果一種宗派否定其他宗派所舉行的聖餐禮，甚至否定宗派以外的人領聖體的資格，在我看來都非常可惡。我相信，我可以隨時走進任何基督教派系的教堂，那就是我歸屬的地方。

狹隘信仰帶來的危機

我之所以成為基督徒，是因為我在知性層次上認定，是基督教的教義對上帝和萬事萬物的認識，比其他偉大宗教更接近真實。這並不代表其他宗教沒有值得學習之處，可以學習的東西很多，每個人都應盡可能從其他宗教傳統中汲取智慧。

或許基督教最大的罪，就是以獨特的傲慢或自戀心態，讓許多基督徒自以為可以量身裁製一個上帝。在我看來，那些自命已掌握不摻雜質的完整真理，而認為所有持不同信仰者都將萬劫不復的人，信仰的其實是個非常渺小的上帝。他們從沒想到，上帝比他們的神學理論廣闊不知多少倍。正如我說過，我們無法擁有上帝，祂擁有我們。狹隘的自戀狂對基督教造成的破壞最烈。

當我成為基督徒，這種認同感不啻把基督教會的眾多罪愆扛在肩上，而傲慢不過是其中一項。另一項沉重的負擔就是彌補教會許多年來散布的反猶太情結，以及第二次世界大戰期間，對納粹大舉殘殺猶太人的醜行坐視不顧。我深信當時基督教會若行所當行，挺身而出，宣布納粹的作為違反基督教義，把它斥為異端邪說，並對納粹黨人施以威脅，歷史的軌跡一定會不一樣。

還有一項罪的負擔就是受人誤解。我每次提及耶穌或基督教，就會受到信奉不同宗教的人，或曾經接觸教會偽善的人攻擊。我太太就是其中之一，她是保守的中國浸信會牧師之女，生長在一個宣講信心與愛心，但日常生活完全受恐懼宰制的家庭裡。所以在我為各種被我賦予正面意義的「新」觀念歡欣雀躍的同時，莉莉只看到偽善的警訊。那對我們雙方都是很痛苦的一段經驗，直到我學會不要一開口就「傳教」，她也得知基督教或任何宗教都有不同的層次，我跟她的父母屬於不同層次，不可相提並論為止。

所以，我在受洗以前就知道，我若公開談論我的信仰，就會有很多人討厭我，根據他們並非無憑無據的偏見排斥我。可是耶穌在訓誨中就提到，活在世間一場不是為了競選最受歡迎的人物。為公開我的基督信仰而承擔這個偏見，也使洗禮成為一種死亡經驗。

有本原名叫《威登堡之門》（*The Wittenburg Door*），後來改名為《門》（*The Door*）的雜誌，是由一群對教會的罪和教會習以為常的褻瀆、歪曲福音行徑深惡痛絕的福音派人士創辦。該雜誌專門探討這方面的問題，並加以嘲謔，每一期都會頒一個「綠香腸獎」給言行最低俗不堪的基督徒。有個月獲獎的是「《聖經》腰帶」（一種蛇皮做的腰帶，附有一本超小型《聖經》），這種基督徒式的幽默，頗能帶給我一些安慰。

很多處於第二階段的基督徒排斥我，他們在我的演講會場外示威，稱我「反基督」；一部分參與新世紀運動的人士也反對我，嫌我太保守。我從來不認為自己在任何方面可以被視為中庸，卻竟然是個恪守中庸的基督徒。中道是佛教的重要教義，亦即同時包容兩種極端的觀念。佛陀自己走過兩條互為極端的道路（一條是精進，一條是禁欲）後，選擇了中道。他禁食到幾乎餓死後，坐在樹下頓悟。中國人喜歡把他畫成胖子，因為中國文化中肥胖代表興旺。偶爾你會看到削瘦、憔悴的佛陀，但多半時候，他被刻畫得既不胖也不瘦，頗符合中道。

死後的生命

我雖然繼續使用從佛教習得的觀念，但對某些佛教的觀念（例如輪迴）持不可知的態度。我不是不相信，但也不能說相信，我只是不知道。

心理醫師史蒂文生（Ian Stevenson）利用餘暇研究輪迴現象多年。大約十年前，我曾聽說他這方面的工作成績，雖然他完全否定用催眠尋找前世的可行性，但他發現七個必須用輪迴解釋的案例。如果像史蒂文生這麼講究科學實證的人都相信輪迴，那麼我也不該把這種事等閒視之。另一方面，我對於凡是號稱足以解釋所有事物的觀念，都採取保留的立場，而輪迴就是可用來（有時是誤用）解釋一切事物的觀念。

詹姆斯（Willian James）在《宗教經驗之種種》（*Warieties of Religious Experience*）中提出「老靈魂」一說，我認為言之成理。他說有些人一出生就很懂得人生的道理，好像他們曾經活過。我也認識一些小孩能突然說出非常有智慧的話，所以我撰寫了一本童書《友善的雪花》（*The Friendly Snowflake*），就是為了「擁有老靈魂的年輕人和擁有年輕靈魂的老年人」而寫。

雖然我不否認輪迴的可能性，但是因為有更好的變通辦法，所以我對它興趣不濃。這種深深吸引我的變通辦法，就是傳統基督教死後生命的觀念，包括天堂、地獄、煉獄等，我的心理醫師背景也使得我特別容易接受它。在我想像中，煉獄是所非常高級、設備完善的精神療養院，有各種現代化的精密技術，在神的監督下，使學習成為溫和而沒有痛苦的過程。

天堂巴士

另一方面，我很厭惡基督教傳統觀念所主張，死後肉身復活的觀念。我認為身體只是一種限制，我寧願擺脫它。我比較願意相信靈魂可以不靠肉體存在，也相信它不需要肉體就能進步，所有描述瀕死狀況的文獻都支持這觀點。

我對地獄的觀念也與基督教的傳統不盡相符，我的想法主要得自基督教作家魯益師的啟發。他在小說《夢幻巴士》（*The Great Divorce*）中，敘述一群來自地獄的人，設法搭上一輛帶他們去天堂的巴士。天堂是個非常光明而愉快的地方，他們在天堂受到親友熱烈的歡迎和款待。可是第一天結束的時候，只除了一個人還有點猶豫不決，其他所有人都回到巴士上，決定回地獄。

為什麼？魯益師舉了很多例子。我隨手拈來幾個，加以濃縮，當作他們全體所見所聞的典型。巴士上有名男子，他的姪兒來歡迎他。他發現姪兒在天堂很感意外，因為他一直以為，這小子在地上成不了大器。可是姪兒非常熱情，天堂又那麼光明而愉快。這人說：「這地方似乎挺不錯的，我可能會願意留下。不過，你要知道，我原來可是哥倫比亞大學的歷史教授，你們這兒有大學嗎？」

姪兒說：「有啊！叔叔，當然囉！」

「我想我可以拿到終身聘約吧？」

「你當然能拿到終身聘約，天堂裡每個人都有終身聘約。」

叔叔大吃一驚？「怎麼可能每個人都有終身聘約？你們難道不區分有能力的人和沒有能力的人嗎？」

姪兒說：「在這兒每個人都是有能力的，叔叔。」

叔叔對這種事不怎麼滿意，繼續追問：「你知道，我本來是系主任，我在這兒也可以做系主任囉？」

「真抱歉，可是我們沒有系主任。我們用不同的方法，每個人都負有責任，靠共識辦事，主任什麼的就似乎沒有必要了。」

叔叔忍不住開罵了：「你要是以為我會加入這種連才智之士和濫竽充數的傢伙都不加以區分的三腳貓機構，你就搞錯了。」於是他搭上巴士回地獄去。

我對地獄的觀念和魯益師很接近。地獄的大門是敞開的，任何人都隨時可以走出去，他們之所以待在地獄，是因為他們選擇不離開。我知道這與傳統基督教的教義不符，但我就是無法接受地獄是上帝懲罰世人、剝奪他們希望、滅亡他們靈魂，不給一點救贖機會的地方。他費那麼多工夫，創造複雜的靈魂，不可能只為了到頭來把他們送進地獄去烤熟。

當有人要我介紹一本我讀過最有影響力的書，我很希望能提名柏拉圖、亞里斯多德或阿奎那（Thomas Aquinas）的作品。可是事實上，對我影響最大的一本書，可能應推我十或十一歲時讀到的吉柏雷斯（Frank Gilbreth）所著《多兒多女多福氣》（*Cheaper by the Dozen*）。這是個真實故事，講一對有十二名子女的夫婦，他們都是效率專家，所以把一個大家庭管理得非常有效率。這是我頭一回接觸效率專家的觀念，我想：「哇，我長大也能成為效率專家多好！」在某種程度上，我樂於相信自己已經做到了這一點——心理治療師的任務就是幫助別人過更有效率的生活，不管是演講或寫作，以及在基金會中的工作都是。

自詡為效率專家，我對所有效率良好的人都非常佩服，對上帝的效率尤其感到敬畏。舉例來說，一九八二年時，我為鹽湖城舉行的一個摩門教會演講並主持工作坊，我覺得這是個多認識摩門教的好機會。我也邀女兒跟我一塊去鹽湖城，結果證明此行對我們的父女關係有很大增益。我們在那兒交了幾個好朋友，我如預期中對摩門教有更多的認識，演講和工作坊也非常成功。

回到康乃迪克州家中約三天後，有一名婦人打電話來約診，我發現她是摩門教徒。她告訴我，摩門教會在某些方面對她非常照顧，但在其他方面又極盡壓迫之能事，所以她心情很矛盾。要不是剛參加完那場會議，我絕不可能那麼深刻地了解她，更無法體會她的困境。而且，這是我執業十年來第一次接觸摩門教徒的病人，所以我問：「上帝啊，難道你派我去鹽湖城，就為了培養我，準備醫治這個病人嗎？」然後想到我從這趟旅行得到的種種益處，不由得對上帝的效率佩服得五體投地，任何一步動作都沒有浪費。

海納多樣性的天堂

談完地獄和煉獄，天堂又是怎麼回事呢？

最近有人稱我為「業餘神學家」，我猜他們的意思是說，我經常談論上帝，卻沒有讀過什麼專書。可是全世界真正的神學家一致同意的一件事，就是上帝喜歡多樣化，祂從中獲得很多樂趣。

挑一個悠閒的夏日午後，坐在草原上，四下望一眼，你就可以看到幾十種不同的植物，數百種不同的昆蟲在空中嗡嗡叫。如果你的眼睛像顯微鏡那麼精密，還可以在土壤中看到濾過性病毒和細菌組成的完整社群。這世界的多樣性令人歎為觀止！

這麼些年來，我對人性的變化多端愈來愈覺得不可思議，而且還靠這些變化維生。光是觀察人類，就可分為男人和女人、異性戀和同性戀、白種人、黃種人、紅種人、黑種人、老人、年輕人、猶太教徒、基督徒、穆斯林、印度教徒。如果世上每個人都是信同一種宗教，那該多乏味。

上帝既然這麼喜愛多樣性，我對天堂至少可以確定一件事，就是那兒不會符合一般觀念中的標準模式，有一群長得一模一樣的小天使、頭頂一式的光圈、坐在鬆軟軟的雲朵上彈豎琴。喪禮中最常引用的一句話說：「天父家中有多幢華廈。」從多樣性來解釋這句話，我猜我們上天堂的時候，會看到很多不同的大宅第，有的可能是殖民時期款式、有的像農莊、有的刷灰泥、有的木造、有的有游泳池，有的蓋在懸崖上、有的在山谷中。天父的家裡，真的有很多幢華廈。

所有關於天堂、地獄、煉獄的論調，都可以歸類為「思辨神學」（speculative theology）——我們充其量只能揣測。在死亡把靈魂從肉身解放之前，一切都是未知數。

談到知與不知，我完全認同科學家，讓宗教信仰退居其次。一般把從事科學工作的人稱為經驗主義者，他們認為，追求知識最好的方法就是透過經驗。所以科學家一定得做實驗（亦即控制下的經驗），從中學習，掌握真相。因此我對上帝有限的認識，都是透過這一生中蒙受神恩的經驗得來。

我在這方面的體悟跟榮格很接近。他也是科學家，晚年有次接受訪問，訪問者在提出許多瑣碎的問題後，終於問：「榮格博士，你很多著作都帶有宗教意味，你相信上帝嗎？」

老榮格抽了幾口菸斗，帶著深思的表情大聲回答：「相信上帝嗎？這麼說吧，用『相信』這字眼，代表我們認為某種東西是真的，可是還沒有真憑實據可資證明。不，我不是相信上帝，我知道真的有上帝。」

第十章　整合生命所有疆域

科學、宗教、心靈、社會……，
生命的完整與正直，必須透過整合各領域而達成，
不經過這一道手續，人永遠是支離破碎。

近來有一種飢渴，源自唯物主義和科學發展而來，是一種使人坐立難安的匱乏感，一種對內在生命的渴望……，愈來愈多的人亟於找尋一個從心靈與精神層次出發的答案。

這番論調不是摘自新出版的勵志類暢銷書，而是選自一九九二年十二月七日的

《美國新聞與世界報導》雜誌。這本雜誌花了足足五頁的篇幅，試圖解釋為什麼榮格在死後三十年，忽然變得十分受歡迎。它在結論中指出，榮格的成功要素在於結合了心理學與靈性修養，完成宗教與科學的整合。

一度有人把《心靈地圖 I》稱為「榮格的大眾版」，那本書之所以廣受歡迎，顯然也是因為出版時機剛好在大家開始出現「坐立難安的匱乏感」之際。它受歡迎的程度很令我意外，後來我發現，那是因為書中的觀念過去大家沒有用心聽，而現在他們願意聆聽及思考，讀書的人心態變了。

出版之初，《心靈地圖 I》似乎對「聖經區」（Bible Belt，位於美國中部及南部各州；該區教會具強烈的清教徒或基督教基本教義派色彩）的居民特別有吸引力，最初請我去演講的邀請也大多來自那個地區。這出乎我意料之外，因為我不是基本教義派的基督徒。後來我想通了，願意聽我演講的人雖然住在聖經地帶，但不一定具有當地基本教義派的心態。很多人對上帝保持虔敬，也未放棄個人的靈性修養，但對於凡事簡化成非黑即白，自稱擁有一切解答，卻對宗教的神祕不聞不問的盲目信仰，感到受夠了。他們渴望呼吸一點新鮮空氣，需要在純唯物主義的科學和嚴峻的教條式神學之間的鴻溝上，搭起一座橋梁。

要了解為什麼宗教與科學之間會出現這樣的鴻溝，應該回溯到還沒有心理學這門學科的時代，檢討歷史，追溯宗教與科學的關係。

約兩千五百年前，宗教與科學是整合的關係，人類為這項整合取了一個名字——哲學。早期的哲學家，諸如柏拉圖、亞里斯多德以及後來的阿奎那等人，都涉獵科學。他們的思考著重證據，對前提發出質疑，可是從不懷疑神的真實存在。

到了十六世紀，形勢發生不利的變化，一六三三年伽利略橫遭宗教裁判，更可說是科學發展落入了谷底。那次事件造成非常不愉快的後果，對伽利略而言是場悲劇，他被迫撤回對哥白尼理論（認為行星繞日運行）的信念，餘生都遭到軟禁，不能離家門一步；但教會也很快就自食其果。

科學歸科學

讓我借助一些假設狀況，說明接下來發生了什麼事。假設我們一七〇五年在英國倫敦，享有目擊一場祕密會議的特權。安妮女王在私室舉行會議，教宗克里門十一世特別喬裝改扮，祕密從羅馬趕來赴會。在場的還有應女王之邀，從皇家自然知識促進學會前來的牛頓。

女王在開場白中說：「各位知道，上帝賦與我維持政治秩序與安定的責任。我很感謝教宗閣下在最近給我的一封密函中，建議我採取一項有助於貫徹這項神聖職責的行動。教宗閣下，既然開這次會議是出於你的主張，或許你願意向牛頓先生介紹一下你信中的要旨。」

教宗說：「謝謝你，女王陛下。你知道，牛頓先生，多年以來教會一直對伽利略事件感到非常過意不去。我不過是向貴國女王建議，現在正是科學與宗教和解，消弭過去不愉快的好時機。」

女王說：「這當然符合國家的最高利益。」

牛頓立刻答道，過去一個世紀來，科學的方法與目標已經跟宗教有很大分歧。他說：「哲學家坐在安樂椅裡思考的時代已經結束了。我看不出任何使時光倒流的可能，也不覺得有必要這麼做。」

教宗說：「我很同意你的看法。宗教與科學真正的結合顯然不可能，但至少科學界和宗教圈可以做到某種程度的和解，忘懷過去的嫌隙吧？」

牛頓說：「那麼你希望我做些什麼呢？」

女王說：「協議，是達成協議的時候了。」

教宗說：「我們要的是協議，牛頓先生。身為教廷代表，我有權簽署一項協議，教會同意不再迫害真正的科學家，同時科學界也必須同意，以不碰所有宗教的課題做為交換。」

女王說：「我們建議互相尊重對方的領域，建立和睦共處的合作關係，對既有的疆界建立共識。你的學會（我特別提醒你，它正在我的贊助與保護之下欣欣向榮）應該名副其實地以追求自然知識為目標。自然知識跟超自然知識截然不同，這根本不用多說，而且我相信你一定會同意，後者是屬於教會管轄的範疇。」

教宗說：「就好比政治是屬於政治家的範疇，科學對自然知識的追求，不容許庸俗政治的妄想汙染。科學應該超乎政治，也不涉及宗教事物。我甚至可以預見，有一天，政府會透過津貼大學裡的科學科系，以及贊助科學調查所需日益複雜的設備等形式，成為科學的支持者。」

女王說：「確實很可能。只要你願意支持我們提出的純粹科學界線，那麼教會就願意把純粹科學家塑造成公眾的英雄。」

教宗說：「這麼一來，用公眾繳納的稅金，資助局限於自然現象的科學研究，就名正言順了。」

牛頓長時間坐著一言不發，顯然在沉思。最後他說：「這樣的安排有很多好處，確實很吸引人。」

女王微笑道：「你是皇家學會主席，是整個基督教世界最具影響力的科學家，只要你支持我們提出的純粹科學的理想，我相信未來數百年的基督教文明，就朝穩定邁出了一大步。可是這種事當然不能張揚，這件事非常微妙，所以我想這次會議的情形沒有必要告訴任何人，不要做任何宣傳。我相信我們可以信賴你這方面的配合。」

牛頓說：「我會盡力，陛下。」

女王說：「謝謝你！順便提一句，我知道你是個能保密的人。我想，現在就告訴你，我正鄭重考慮今年之內封你為爵士，也沒什麼壞處吧！」

我的幻想就到此結束。當然不曾真的開過這樣的會議，但就是有這麼不成文的社會契約，在十七世紀末和十八世紀初，把政府、科學、宗教的領域，畫分得一清二楚。這並非有意識的發展，而幾乎是因應當時需求的潛意識反應。儘管如此，從那時起，這份不成文的社會契約就對科學和宗教的本質，產生了莫大的影響。

事實上，釐清科學的領域可視為人類智慧史上最重要的事件。此舉留下很多好處：宗教法庭權力削減，也不再燒死女巫，幾百年來的信徒奉獻仍充實著教會的荷包，廢除奴隸制度，締造民主政體而沒有導致無政府狀態。而且，科學或許因為自限於自然現象，不但自身蓬勃發展，還帶動了超乎想像的產業革命，甚至也為俗世文化的發展鋪路。

問題是這份不成文的社會契約已經不管用了。當今這個時代，它成了可怕的分裂工具，把我們的社會拆得四分五裂。

分工之惡

一九七〇和七一年，我在軍中服務時，常在五角大廈裡閒逛，找人聊越戰。我之所以能這麼做，是因為身上穿著制服。但每當我向別人打聽有關越戰的事，他們就說：「派克醫師，我們了解你的關懷，真的。但是，我們不過是兵工的分支機構，只負責監督燒夷彈的生產，並準時送到越南，跟戰爭沒有任何直接關係，那是政策部門的事。你到走廊那頭去問決策人員吧！」

於是我走到走廊那頭，詢問政策部門的人，他們說：「我們了解你的關懷，真的。但是這兒不過是政策的分支機構，我們只管執行政策，不管擬定政策。政策是白宮擬定的。」結果，整座五角大廈都一副跟越戰毫無關係的模樣。

任何大機構都可能同樣把工作分化得非常瑣細，不管在商界、政府部門、醫院、大學，甚至教會都有這種可能。然而，任何機構在變得太大、分工太瑣細、結構太複雜的時候，機構的良心往往也會隨著支離破碎，沖淡到幾乎不存在，組織的本質也變成邪惡。

同樣的分化現象也可能出現在個人身上。人有種奇妙的本事，可以把互相關連的事物拆開，分別封裝在不透氣的容器裡，以免它們互相摩擦，造成痛苦。有那種每個星期天上教堂，自以為愛上帝，愛上帝創造的萬物和全人類的人，星期一早上執行公司政策時，把含毒廢棄物倒進附近的溪流，卻絲毫不覺得不安。他做得出這種事，只因為在他心目中，宗教占著一個角落，公司又另處一個角落。他就是所謂的「星期天早晨的教徒」，這是非常舒服的運作方式，但不正直。

英文中的整合（integrity）這個字，同時具有正直與完整兩個意思，完整與正直都是由與分化正好相反的整合手續而達成。分化使事情容易，整合則會帶來痛苦；但不經過整合，一個人永遠是支離破碎。整合的過程需要坦然面對各種互相衝突的力量、觀念，以及生活中的壓力。

整合衝突

墮胎問題可視為上述衝突的一個實例。如何從完整而正直的角度考慮墮胎問題，始終令我左右為難。在我看來，不論認定生命從何時開始，究竟是懷孕滿三個月就算數，或滿六個月才算數，都只是逃避問題。生命當然從受孕開始即存在，阻撓生命的發育就是殺人。我相信，過於簡單的墮胎政策，對史懷哲所提出的「尊敬生命」是一種貶抑。

但是母親的生命也需要列入考慮，還有父親以及社會的看法也需要被尊重。很多婦女若生下孩子，人生會受到嚴重傷害，即使她們計畫把孩子送人扶養（不見得每個小孩都適合領養）也一樣。懷孕而生下小孩的母親，若不適任撫養工作卻試圖自行撫養，受到傷害的也不止一個人。所以我對墮胎沒有既定的立場，只能說，任何單一向度、過分簡化的答案，例如「不可墮胎」，都是不夠的。

根據我的經驗法則，每當面對一個號稱能解決社會問題的方案，一定要問：「缺少了什麼？」如果問「不可墮胎」這樣的法律缺少了什麼，答案是：責任。這種法律不負責任，制定法律的人解除了胎兒的母親或雙親的責任，簡單地告訴她（他們）：「你必須把孩子生下來。」可是這種人把責任移交給誰？答案是：沒有人。他們自己當然不願意在孩子出生後擔負任何責任，因此「不可墮胎」的立法，欠缺慈悲心，也不正直。

我期待有一天，我們可以滿懷慈悲與正直地說：「不可墮胎。」可是唯有社區通力合作才能做到這一點，要不要墮胎，應該由整個社區決定。如果該墮胎，那麼社區會分擔一部分因這決策而產生的罪惡；如果決定不該墮胎，社區也必須在財務和心理方面，提供孩子和雙親相當程度的照顧，分擔一部分責任。只是目前連美國都還缺乏有足夠能力挑起這種擔子的社區。

在時機尚未成熟前，反墮胎政策的制定只是又恢復四十年前窮人找密醫，富人出國解決問題的老樣子。

缺少了什麼？

如果你追求完整與正直，而且願意承受與之而來的痛苦，就要記得問：「缺少了什麼？」可是你會經常覺得不適，因為早晚你會發現，在某種層次上，每個人都必須為所有的事負責。

我第一次學會從缺少什麼來觀察事物，是在韓戰期間。當年我十四歲，很喜歡每天一早跑出去買《紐約時報》。前一天我讀到三十七架米格機被射落，美國空軍大獲全勝，沒有任何傷亡或損失；第二天我又很開心地讀到，四十一架米格機被擊落，所有美國飛機都安全返回基地；接下來那天，四十三架米格機被擊落，美國只損失一架飛機；再下來一天，三十九架米格機被擊落，美國飛機都很安全；接著又是四十三架米格機遭殃，只有一架美國飛機輕微受損。雖然難得損失的飛機或飛行員還是會讓我難過，但是這些統計數字讓我興奮。

《紐約時報》說，這是因為美國飛機製造精良，俄國飛機粗製濫造。報上還指出，美國飛行員受過良好的訓練，反射動作遠優於那些餓得快死掉的中國人或韓國人。

《紐約時報》把中國和韓國都稱為經濟落後的國家，但一年一年過去，同樣的統計數字一再重複，我開始懷疑，經濟落後的國家怎麼可能生產那麼多飛機？經過一段時間，我終於想通缺少了什麼東西，從那時開始，我再也無法全盤相信在《紐約時報》上讀到的東西了。

我在醫學院裡又有機會溫習這一課。莉莉和我讀了蘭德（Ayn Rand）寫的《阿特拉斯聳聳肩》（*Atlas Shrugged*），書中以非常動人的手法，提出一套極端個人主義、把私人利益放在第一優先的哲學，使我幾乎想立刻加入共和黨的保守陣營。可是隱約有件事令我不安，直到讀完這本洋洋灑灑一千兩百頁的巨著十天後，我才想到，這麼長的篇幅當中，竟然沒有一次提到小孩，缺少的是小孩。不消說，碰到小孩以及社會上其他需要扶持的人，蘭德這齣極端個人主義和利己主義的戲，就唱不下去了。

心理醫療訓練把我這些得自經驗的教訓，凝聚成一句話：「病人沒說的話，遠比他說出口的話重要。」如果病人侃侃而談現在與將來，卻絕口不談過去，那麼我敢打包票，他們的過去一定有什麼無法面對的事；或者他們拚命聊過去和未來，卻不提現在，問題就多半出在現在；要是他們願意談過去和現在，卻不肯提將來，你也可以確定問題與未來有關，可能涉及希望或信心。

接受世俗裁判

病人的問題與希望或信心有關時（其實很多其他情況也是如此），倘若只把問題分化而不整合，或對價值觀問題避而不談，心理治療就不可能奏效。不過，在我接受心理醫療訓練的時候，心理醫學還遵循純粹的模式，強調盡可能避免價值判斷。醫師必須迴避所有涉及價值觀的問題，而且不能要求病人接受自己的價值觀，否則就犯了「反移情作用」（countertransference）的大忌，使醫療過程喪失純淨的本質。

學生時代，心理科住院主任告誡我們，一位好的心理醫師應該在第二次或第三次跟病人談話時，就表明立場：「我絕沒有要裁判你的意思。」我把這番話牢記在心中，等我開始接門診病人做長期治療時，就跟前十幾個病人都說，我完全沒有裁判他們的意思。其實說這種話一點意義都沒有，為什麼說接受心理治療是非常勇敢的行為？就是因為病人知道，必須心甘情願接受裁判，才能脫離困境。

事實上，所謂不含價值判斷的心理治療根本就不存在。心理醫師潛意識中自有一套價值系統，他們所服膺的價值系統中，最主要的一套叫做「世俗人道主義」，它強調實際的問題，把所有與此生此世無關的事都排除在外。這套系統有多方面的優點，與其批評它，倒不如向那些世俗人道主義者多學習。

舉幾個有關世俗人道主義的例子。無神論者佛洛伊德用「愛」與「工作」界定心理健康，然而，懂得愛和工作有生產力，就是世俗人道主義的價值標準。又如十五年前，我有個極端沮喪的女病人，跟她談話像拔牙一樣痛苦。第一年治療期間，她都按照預約的時間前來，往往進門就說：「我這個星期比上星期還沮喪。」我問：「你想是什麼原因呢？」她會立刻答道：「我不知道。」

但有時她會說：「我這個星期比較不沮喪一點。」我就問：「你想這是為什麼呢？」她還是立刻回答：「我不知道。」

最後我說：「我要你想一件事，你卻在百萬分之一秒的時間裡就回答『我不知道』，你根本不可能做到我對你的要求——想一想。在我們繼續治療之前，你先得學會思考。」思考就是世俗人道主義的一種價值判斷。

世俗人道主義的價值系統就已治療百分之六十的心理病人，但對剩下的百分之四十卻還嫌不足，也因此，匿名戒酒會在治療酗酒者方面，比心理治療更有成績，因為酗酒者大都屬於後面的百分之四十。前面談過，這是因為匿名戒酒會能直接針對這些人心靈上的需求對症下藥，而秉持世俗人道主義的傳統式心理治療做不到這一點。

化解恐懼症

心靈和宗教的觀念對很多人都有療效，不只是對酒精或藥物上癮的人，對於罹患恐懼症的人往往也能奏效。我的執業經驗中，因為對某條街道、貓、飛機有特殊恐懼的人，在我對他們比較熟悉後也發現，這些人對高速公路、狗、火車，同樣缺乏好感。最後我會發現，他們主要是對生活懷有恐懼，具有一種我所謂的「恐懼人格」。

我從跟這類型病人多年接觸的經驗中，發掘到一個驚人的事實，他們的世界觀有兩大共通點：第一，他們把這世界看成非常危險的地方；第二，他們覺得在這危險的世界裡非常孤單，只能靠自己絞盡腦汁求生。在這種感覺之下，他們藉恐懼症限制自己的活動範圍，把世界縮小到他們可以完全控制的小空間，才覺得安全。

大約十五年前，我有個患有多種恐懼症的女病人，怕水也怕游泳。她有兩個孩子，分別是五歲和七歲，正是喜歡游泳的年紀，所以這方面的恐懼特別令她困擾。進行治療一年左右，有一天她告訴我，週末過得非常愉快，她去參加了一個游泳池畔的派對，跟孩子在池裡游來游去，玩得很開心。

就我所知，她在身心方面都沒有發生任何重大變化，所以我抓抓腦袋說：「我還以為你怕游泳。」她說：「是啊！可是我不怕游泳池。」這讓我很困惑，我問：「游泳池有什麼不一樣呢？」她說：「游泳池的水很清澈。」我才知道，她恐懼的不是游泳，而是湖泊、河流、海洋，她只敢讓水浸沒腳踝或膝蓋，絕不到看不見自己腳趾頭的地方，否則她就不知道腳趾頭會發生什麼事。

經過一段時間，我發現為這種人灌輸比較樂觀的世界觀，是唯一的治療辦法。讓他們知道這世界並不如所想的那麼危險，或是他們在世上並不孤單，至少上帝的恩典可以提供某種程度的保護。

我相信審慎運用宗教觀，對於很多可以用其他傳統心理醫療手法治癒的精神病例，也有加強療效或加速痊癒的效果。這種觀念可做為一種挑戰，也可以做為一種安慰。

例如，我在勸人不要自艾自憐時會提醒他們，耶穌說，我們該心懷喜樂地背起十字架。但對於某些良知特別強烈的人，或許該不時容許他們自憐一下。碰到這種病人，我會說，雖然耶穌教我們要心懷喜樂地扛起重擔，但他並沒有要我們一天二十四小時都扛著十字架，還要心懷喜樂，這種事只有頭殼壞去的人才做得到。我要他們試想：「耶穌扛著三百磅重的十字架爬上各各他山時，是什麼樣的心情？」他在自憐。所以我告訴這些病人，他們其實有資格每天兩次，每次抽五分鐘時間自憐一番。

換個角度看事情

法國的聖女小德蘭（Saint Thérése of Lisieux）曾說：「如果你心甘情願的默默承受憎恨自己的考驗，就會成為耶穌中意的居所。」我治療因實際犯過罪而良心難安（例如，越戰時曾殺害無辜兒童的退伍軍人）的病人時，會告訴他們：「我們應該慶幸你會產生罪惡感，並且真心憎恨自己，因為現在你已成為耶穌中意的居所了。」這是我安慰他們的方法。

我認為這句話特別有助於了解憂鬱症患者。他們會說：「我真是個沒有用的人，我這輩子從來沒做過一件有價值的事。我在部隊裡做到三星上將，完全是僥倖。我不知道你為什麼願意接受我這種病人，我對太太沒有幫助，對孩子沒有幫助，對任何人都沒有幫助。天哪，每個星期跟我這麼一個廢物打交道，你一定很為難吧？」

二十四歲就去世的聖女小德蘭是個聰明的女子，遣字用辭非常謹慎。她說的是：「如果你心甘情願的默默承受憎恨自己的考驗⋯⋯」抑鬱症患者的問題就在於他們不是「默默」承受。好幾百年前，天主教會就把這種狂擂自己胸膛，唯恐天下人不知的告白，指為犯了「過分求全」的罪，並正確診斷出這是七大罪之一——驕傲——的變態表現。這種人真正要說的是：「我知道上帝會原諒我，可是我自己要做裁判。」如果你仔細檢驗他們偽裝的謙遜，就會發現核心包藏的其實是傲慢和自戀。

近年來專業期刊上發表了很多篇關於憂鬱症患者認知理論的文章。心理醫師現在知道，憂鬱型人格對事物的認知，跟非憂鬱型人格不同，他們使用「認知」一詞時，不僅指對事物的想法而已，也包括所有進入思想的東西，亦即所有可感知的事物。說得更清楚點，憂鬱型人格患者有選擇地只感知萬事萬物消極的一面，永遠看不到積極的方面。

多年來，莉莉一直奮力跟憂鬱症搏鬥，終於獲勝。在她勝利之前，我們若在五月的清晨一塊兒到後院走走，我會四下張望，想道：「春天來了，多好啊，綠草萋萋，樹木開始抽新芽，我們住到這麼一棟殖民時期式的房屋，多麼幸運！雖然還需要掛幾幅畫，不過明年我們就會把這件事處理好，謝天謝地，我們不缺錢。」可是莉莉卻在旁邊說：「老彭什麼時候來剪草啊？你看，有人把剪刀丟在外頭，整晚都沒收。看看這棟房子，真是一塌糊塗！」兩個人距離不過幾英尺，看到的世界卻截然不同。

現在心理醫師知道，要治療憂鬱症病人，必須先教他們從不同角度認知事物；要使這些人不再專門認知事物的消極面，就得先教他們如何認知積極面。可是現在才剛了解這一點的心理醫師，可能會覺得有點不好意思，因為他們新發明的「認知療法」，其實跟幾十年前皮爾博士（Norman Vincent Peale）的《積極思考的力量》（*The Power of Positive Thinking*）沒什麼不同。事實上，關於沮喪最簡單扼要的名言，神祕主義者魯米（Jalālu'l-Din Rūmi）早在十二世紀就一語道破了。他說：「抑鬱源自無禮和不肯讚美別人。」他所謂的無禮，正是導致憂鬱的自戀或變態的驕傲心態。

落難公主

憂鬱症患者當中，常可見王子或公主型的人格。有位女病人來看診約一年以後，有一天，她談到她孩子一個非常複雜的問題，孩子在學校的成績起伏極大，她又完全不知道該採取何種對策。對這問題評估到中途時，她忽然宣稱：「天啊！我真等不及這次治療快點結束。」我說：「你為什麼這麼說？」她說：「治療結束我就高興了，因為再也不用為這個問題煩心了。」

我嗅到一股幻想的氣息，她幻想心理治療不但能消除所有眼前的痛苦，也能消除一切未來的痛苦。這種幻想在王子和公主身上很常見。

為了說明這種幻想產生的過程，我必須先就兒童心理學做一點背景介紹。嬰兒約在一歲之前學會分辨自我的疆界，在這以前，他們不知道自己的手跟媽媽的手有什麼不同；他們以為自己肚子痛，媽媽就會肚子痛，全世界也會肚子痛。第二年之內，他們學會分辨自己的身體疆界，但是對自己的能力極限還不大了解。在這以前，孩子通常自以為是宇宙的核心，父母、兄弟姊妹、貓狗都不過是供他們差遣的寵臣愛將罷了。

但是可怕的第二年以後，爸爸媽媽開始說：「不可以，強尼，不許這麼做，也不許那麼做。我們很愛你，強尼，你很重要，但是不可以，不可以那樣，你不是老闆。」於是，一年之內，孩子就從心理上的四星上將降為二等兵。無怪人說兩歲的孩子最難纏，他確實有資格感到悶悶不樂，經常大發雷霆。

儘管如此，如果父母能溫和地對待孩子，盡可能提供支持，幫助他度過這個難以適應的階段，一年之後，孩子就能朝脫離自戀邁出一大步。不幸的是，事情的發展未必如此，有時父母不夠溫和，在孩子覺得被羞辱時，沒有給予安慰，反而加深他所受的傷害。

剛才那位以為心理治療一結束，就可以拋開一切煩惱的婦女，生長在一個管教非常嚴格的家庭裡。雖然她已經記不得兩歲的事，但還記得三歲或四歲的時候，她每次犯錯，都要經過一套特殊的儀式。

大人令她取下牆上掛著的鞭子，拿去交給父親，她得自行脫下小褲子，掀起小裙子，彎下腰站在那兒任他責打，直到他認為她哭得夠大聲，打得夠久，才會停手。然後她還得穿回小褲子，從父親手中取過鞭子放回原位，接著到母親那裡去接受安慰。等安慰夠了，她也不哭了，母親就會說：「現在跪下，大聲向上帝禱告，求祂寬赦。」於是她跪下大聲禱告，求上帝寬赦，直到母親認為禱告時間夠長，就說：「現在你可以起來，去找你父親，求他寬赦。」於是她去找父親，只要她哀求得夠久，父親就會原諒她，儀式到此才告一段落。

孩子如何熬過這種待遇？他們之所以能活下來，不是因為放棄幼稚期那種無所不能的自信和自戀，反而是靠那樣的心態堅持下來。這套機制的運作方式非常獨特，所以心理學界為它取了個名稱，叫做「家庭羅曼史」（family romance）。這些孩子告訴自己：「這兩個自稱是我父母的人，根本不是我的父母。我是國王和王后的女兒，我有皇家的血統，我是公主，有一天他們會知道我是誰，然後我就能恢復真正的身分。」

這是安慰效力宏大的幻想，讓孩子能承受重大的羞辱，唯一的問題是它會持續到成年（屆時幻想會進入潛意識層次），沒有特使前來帶他們去見國王和王后，沒有人承認他們心目中為自己期許的地位，所以他們會變得抑鬱。憂鬱症患者在認知上面臨的一大根本困難就是，他們在心底幻想所有的壞事都不該臨到自己身上，以為自己對所有的壞事都可以免疫。難怪他們會選擇只認知消極的方面，因為在他們眼裡，積極面都是自己與生俱來應享的權利。

計畫之外的人生

巴西有位心理醫師柯沛（Norberto Keppe），指出人類最常見的心理疾病，就是他所謂的「神明自大狂」（theomania）：幻想人類可以變成上帝。

神明自大狂跟王子或公主情結頗為類似，不過出現頻率更高。我有個病人是虔誠的基督徒，他在二十多歲時曾專職參與基督教青年社團工作，中年後改行經商。他來找我的時候，跟兩個寡廉鮮恥的人合夥，因為他的生意靠這些人投資，所以承受很大的壓力，不得不出賣人格、使用欺詐的手段。例如他帶一件產品去參加五金商展，雖然沒有拿到產品的專利權，但為了推銷，還是得假裝擁有專利權。我若處於他的處境，大概也不免經常感到焦慮，因此這個人始終處於一種無法平息的恐慌之下。

有一天，我試著安慰他說：「你只能盡力而為！」可是他反駁道：「盡力而為是不夠的。」

這話聽來有點奇怪，所以我問：「這是什麼意思呢？」

他說：「我不但要盡力而為，我的公司也不許失敗。」

我說：「有朝一日這家公司垮台了，對你其實是最好不過。我們都知道，上帝也希望這家公司垮台。你想想看，我們都是天地間一齣劇情複雜的絕妙好戲的演員，我們的心願不過是一窺劇情的全貌，以及盡可能把自己的角色演好。可是我剛聽你的意思，你不但要盡力當全戲最好的演員，還想寫劇本？」

他就像是每個人的化身。我們都患了神明自大狂，以為可以自行編寫人生這齣戲的腳本，如果事情沒有照我們的腳本發展，不聽擺布，我們就會發怒、沮喪、恐懼。人生不僅是一場個人秀而已，但很多人始終沒有適應這個事實，問題是，不能適應也就不能學習。為了追求真正的學習與成長，我們必須面對一個事實，正如一句精采的名言所說的：「人生就是在你已定好的計畫之外所發生的事。」

第十一章　審慎迎接新觀念

新世紀運動對新觀念完全開放的態度值得借鏡，但培養思辨能力、整合新舊事物，更能促進靈性修養。

不管是在穿過人生沙漠的途中，或是處於找尋路標的慌亂裡，很多人都需要宗教，卻又無法接受宗教組織（如教會或寺廟）頻繁的活動或戒律，這導致各種主張個人修行的祕密教派盛行，特別是東方宗教大受歡迎。《噗噗熊的無為自在》（*The Tao of Pooh*）、《小小豬的謙弱哲學》（*The Te of Piglet*）、《西藏度亡經》（*The Tibetan Book of the Dead*），甚至《我是印度教徒嗎？》（*Am I a Hindu?*）之類的書銷路暢旺，就是最好的證明。

西方世界對東方宗教感興趣由來已久，但近年掀起的新世紀運動又帶動一波新熱潮。很多人對新世紀運動感到困惑，常有人問我這股力量是好是壞，在作答之前，且讓我先提出另一個問題：新世紀運動是整合的力量，還是分裂的力量？

我有兩種嗜好，一是蒐集人家脫口而出、說「錯」的真心話，另一是蒐集電燈泡笑話。我最喜歡的兩則電燈泡笑話，都跟宗教有關。第一則是：「換一個電燈泡需要多少個聖公會教友？答案是兩個。一個負責調馬丁尼，還有一個打電話找水電工人。」第二則笑話：「換一個電燈泡需要幾個禪宗佛教徒？答案也是兩個，一個換燈泡，另一個不換燈泡。」

聽來或許有點不可思議，但第二則笑話事實上是一篇整合宣言，以非常簡單扼要的方法對矛盾下了定義。在這方面，禪宗是我的最佳導師，我大力推薦禪宗的思考方式，因為接受人生層出不窮的矛盾，是心理健康不可或缺的要素。

矛盾思考對我的重要性很難一語道盡。我很欣賞一位哲學教授，有個學生問他：「教授，聽說你相信所有真理的核心都是矛盾，是真的嗎？」教授答道：「可以說是，也可以說不是。」因此，在回答新世紀運動帶來的究竟是整合或分裂時，我也要回答：「既是整合，也是分裂。」

對西方文明的反動

很多人質疑，新世紀運動是否真的存在。它可能有點寄生的傾向，因為參與新世紀運動的人相信或感興趣的東西，從開天闢地以來就存在。可是我確認有一種新世紀運動興起，因為過去三十年來，致力追求這些信念和興趣的人愈來愈多，已經在全人口中占有相當顯著的比例。

我雖然稱之為運動，但並不表示它是有組織的運動。很多基本教義派的基督徒聲稱，新世紀是魔鬼的陰謀，企圖暗中腐蝕基督教的教義。正因為如此，弗格森（Marilyn Ferguson）把她發揚新世紀運動的經典之作，命名為《寶瓶同謀》（*The Aquarian Conspiracy*），這當然是開玩笑。她非常清楚地說明，陰謀根本不存在，一般人不可能湊在一起共同設計這樣的陰謀。

新世紀運動跟多數重要的知識分子運動一樣，很自然地因應各種日常生活的需要、壓力、互動力量而誕生。與其視之為一種進化的運動，倒不如說它是革命性的運動。

像多數的革命運動一樣，新世紀也是由上層中產階級主導，在窮人或藍領階級當中並不受重視；它也是一項國際性的運動，不只局限於美國或北美洲，新世紀人士在德國、英國都很活躍。

新世紀運動是對西方文明種種制度化罪惡所做的反動。這些罪過往往互相糾纏不清，有密切的共生共榮關係。但並非所有制度化的罪惡都存在於西方文明中，制度化的性別歧視在東方更加根深柢固。性別歧視是新世紀運動反動的重點，它反對所有企業界、教會、政府機關裡的性別歧視，因此它也是女性主義的運動。

基督教會的靈魂空虛、傲慢、自戀、褻瀆等，則是比較「西方」的罪惡，因此新世紀運動力圖脫離西方宗教，親近佛教、禪宗、道教、印度教等東方宗教、美洲原住民的宗教，或信奉有女性主義色彩的母神（Mother Goddess）及現代巫術維卡（Wicca）。由於宗教組織對異己向來不寬容，新世紀運動就刻意綜合各式各樣的觀念，從星相、靈體出體乃至靈魂顯現，所有奇門遁甲無所不能。

新世紀運動也反對科學的罪惡，或至少反對應用在工業技術上的科技，這方面的罪惡真實而具體。現代科學造成過度分工，科技反而抹殺人性，所有因病住院，接受最先進醫療科技照顧的人，都不免接觸看護、治療過程中非人性的一面。所以新世紀運動的反科技中，也反對西方醫藥而傾向接受東方醫藥，諸如針灸、美洲原住民的治療儀式、巫術等。擺脫西方醫學與科技的細密分工後，優良的整體療法和運動強身日益受重視，它還重新引進服食草藥和病人居家療養的觀念，安寧療護（hospice）的興起，可視為新世紀運動的附加利益。

新世紀運動也反對資本主義、帝國主義以及一切剝削環境與人類的罪惡；它反對所有真實而可怕的罪行、反剝削、包容多樣性、主張環保意識、維持自然平衡。

新世紀運動的最大特色就是對新觀念、新方法採完全開放的態度，這當然很好。在我看來，唯一的問題就是它過於龐大，產生心理學家所謂的「反向作用」（reaction formation），而趨向於全盤接受。很不幸的是，全然反對罪惡的時候，往往會朝相對的極端發展，最後惹出來的問題可能跟原來一樣嚴重。矯枉過正時，就像從油鍋跳進火堆裡，或把菁華連同糟粕一同丟棄了。

舉我親身的經驗來說明反應過度是怎麼回事。我父親是法官，養成滔滔不絕罵人的習慣，常莫名其妙地把辦公人員或運氣不好的服務生痛罵一頓。我還記得十二歲時，在某家餐廳裡，父親因為服務生一個微不足道的錯誤，把他罵得狗血淋頭，足足約有二十分鐘，對方窘得頭都抬不起來。我也記得暗地裡發誓，我長大了絕不要像父親那樣在公共場合出醜。

我成年後，真的從來沒有在公共場合發過脾氣。可是我卻患了高血壓，朋友也常批評我冷漠、疏遠、倨傲、沒有感情。直到我接受心理治療後，才發現這是矯枉過正的現象，我討厭父親公然亂發脾氣，所以完全禁止自己在公開場合動怒。事實上，我需要防範的只有亂發脾氣，而不是無論如何都不發脾氣。有時候在公開場合宣洩怒氣，是恰當而有必要的行為，可是我走的是另一種極端。我花了相當的努力，重新學習生氣，在適當場合生氣，在公共場合生氣。從此別人開始覺得我變得比較和善可親，我的血壓也降低了。

很遺憾，新世紀運動同樣犯了走極端的錯誤。例如，它為了反男性的性別歧視，創造出極端的女性主義，不但令人感到不愉快和不安，往往還表現得粗魯無禮，甚至愚蠢。我曾經對極端女性主義者的聽眾發表演講，儘管我下了很多功夫選擇不含性別色彩的字彙，而且大力抨擊性別歧視，仍然覺得辭不達意。

極端路線的危機

新世紀運動也因反對猶太／基督宗教傳統，而造成心靈的混亂。美國每座大城市都至少有一個可稱作「心靈超市」的組織，他們提供蘇非舞蹈、《易經》、酒神祭等千奇百怪的課程，在那兒什麼都看得到，只除了猶太教和基督教。有些人對這種大雜燴感到困惑，也有人利用它做為逃避責任的藉口。

《心靈地圖 I》出版數年後，有個看來上了年紀的嬉皮男子來找我。他四十出頭，蓄鬍留長髮，背著登山背包，一路搭便車來到我家，說他需要精神的導引，他的人生茫無頭緒，不知道自己要做什麼。他正考慮去佛蒙特州的一座禪寺，但另一方面，俄勒岡州的一個新世紀社區也很吸引他，可是又有一個聲音說：「你應該做基督徒。」不過，自從他十六歲翅膀長硬，脫離父母歸屬的天主教會之後，就再也沒考慮做基督徒。總而言之，我認為他該怎麼辦呢？

我說：「你必須再多告訴我一些有關你的事，我才有可能提供建議。」於是他繼續說他結過兩次婚，第一次婚姻有兩個小孩，第二次有一個小孩，他已經十多年沒見到跟第一任妻子生的小孩，跟第二任妻子生的小孩也快六年沒見了。我問他為什麼，他說：「離婚時鬧得很不愉快，我想如果當作我根本不存在，對孩子可能比較好。可是話說回來，你看我在心靈追尋上該如何抉擇？」

我告訴他，《心靈地圖 I》寫完後，我成了基督徒，我之所以這麼做，一部分是因為我逐漸相信基督教教義有很深遠的意義。我解釋給他聽，基督教教義的核心有一種很奇怪的犧牲觀，它並不要求我們一有機會就像個受虐狂似地犧牲自己，雖然我還不了解做為基督徒的真諦，可是，「我至少知道，這種觀念認為不論人如何抉擇，其他的選擇並不因此被犧牲、被拋棄。」

聽完我這番話，那男人全身抽動，我差點以為他有癲癇宿疾，即將發作，我問他是怎麼回事，他說：「你剛為我的心靈動了一次大手術。」

他聲稱這對他有益，要再來找我，並預約了時間看診，可是兩天後，他又打電話來取消了。我猜他最後決定不去跟兒女重建關係，而到俄勒岡參加新世紀社區去了。

我覺得新世紀運動弄錯了反對的對象。基督教的罪不在於教義，而在於實踐，行為與神學未能整合。正如卻斯特頓（G.K. Chesterton）所說，基督教最大的問題不在於經過考驗後發現有缺陷，而在於根本沒有受過考驗。

可是新世紀運動不僅反對基督教的行為，也反對並不包括在基督教罪惡行為之中的神學理論，然而，這麼做就有矯枉過正之嫌。當然，他們不見得全部反基督教，有些人也信奉基督教，可是在試圖將基督教跟東方宗教結合的同時，他們隨手拈來的基督教，往往是一種拙劣的混合物。

新世紀人士棄猶太/基督教，而就東方宗教之際，還有一種傾向，他們喜歡大肆宣揚東方宗教更能促進靈性的修養。處於各種宗教第二階段的人都會聲稱，他們相信的是唯一真實的信仰。事實上，在我們的共同體工作坊裡，新世紀基本教義派為害之烈，不遜於舊式宗教。雖然整體而言，它對新觀念非常開放，可是很多參與新世紀運動的人，都是頑固的基本教義派或「經典無誤派」（inerrantist），並不見得比信奉基督教者有多大進展。還有一種我稱之為「草藥基本教義派」的人，他們堅持所到之處都一定得有草藥茶，而且還逼工作坊的每名成員都非喝不可。

這種行為不能叫作寬容。另一方面，新世紀運動中也有人寬容過了頭，因而造成不當的個人主義。有一次在共同體工作坊，我們正審核一位工作坊領袖候選人的資格，他說：「在共同體裡做任何事都沒什麼不妥。」我們必須教導他，在共同體裡，不見得做任何事都合適，任意打人、罵人或是暗中別有所圖的人，共同體都不容許他們存在。

「自由派」人士合作時所表現的無能，也是過度寬容的實例。我成立「團體激勵文教基金會」之初，原本是想藉此統一全美各地約五百個各自為政的和平組織，可是經過仔細思考，就發現不論成立何種基金會，到頭來也無非是成為第五百零一個類似的組織罷了。即使是和平組織，在合作方面也有待學習，最後我們決定，不如先把時間和金錢投資在成立共同體上。

與邪惡打交道

「邪惡的問題」可說是基督教神學和新世紀運動最大的分歧點。基督教教義認為邪惡是真實存在，東方宗教並不承認邪惡的存在，他們把邪惡當作幻影或偽知識，稱之為「幻象」（maya）。

我不否認這種看法有其道理。我相信心中動邪念就能創造邪惡，但如果我們把所有自己不同意的事物，都賦與邪惡的涵意（很多處於第二階段有宗教信仰的人都有這種傾向），那麼非但不能產生治療的效果，反而會導致分裂與敵視。新世紀運動在散布過度簡化的觀念，以為只要我們改變想法，就會發現世上根本沒有所謂邪惡存在。邪惡總會自動消散，變得無影無蹤。但現實生活裡，卻真的有人喜歡傷害別人、折磨別人、踐踏別人；有人喜歡戰爭，因為他們可以從中獲利，如果你以為他們不是真心如此，你就麻煩大了。因為早晚你一定會接觸到真正的邪惡，跟它打交道可不像某些新世紀論著所說的那般容易。

最受矚目、最多人問我意見的一本新世紀著作叫《奇蹟課程》（*A Course in Miracles*）。這是一本好書，心理醫學的至理名言俯拾皆是。可是書中也否定邪惡的存在，說邪惡是不真實的，不過是想像的產物。這倒也未必全乖離真相，因為邪惡確實與虛偽有很密切的關係。事實上，我在《邪惡心理學》（*People of the Lie*）一書裡，就把撒旦界定為「虛偽的具體幽靈」，所以也不妨說邪惡跟不真實有關，因為它有很大的欺騙和作偽的成分，可是這不代表它本身不存在。

《奇蹟課程》雖然號稱跟基督教站在同一陣線，卻歪曲了基督教的教義。書中內容不全然是事實，只能說是半事實，也沒有處理邪惡的問題，留下一大片空白，在邪惡的多重矛盾中，只呈現了一個面。

否定邪惡可說是新世紀運動典型的缺陷。一位新世紀運動的女性告訴我一則笑話，她說有三名傳教士坐在地獄裡：一個是天主教神父，一個是猶太教士（拉比），還有一個是新世紀的牧師。他們聊到下地獄的原因，天主教神父說：「我在地上，人家叫我威士忌神父，我太愛喝酒，所以被打下地獄。拉比，你呢？」猶太教士說：

「我不得不承認，我最愛吃火腿三明治，不吃我會死。」接著，他們兩個同時轉向新世紀牧師問：「你呢？你為什麼原因下地獄？」他回答：「這兒不是地獄，我一點都不覺得熱。」

冒險的限度

新世紀運動對科技的反動也有類似的問題，它排斥科學的精密。我曾經解釋過，科學方法是歷經數百年，為了克服人類自欺傾向而發展出來的一套程序與傳統，它追求某種比我們知性或情緒更重要的東西。因此，科學方法是一種講究原則，紀律嚴謹的行為模式，代表對真理的崇高追求。

可是新世紀運動在反對西方文明的罪惡時，往往把科學方法一股腦兒丟掉。科技的罪惡不在於科學方法，而在工業與政府運用科技的方法，新世紀運動反應過度，顯示它在技術與科學方面缺乏「科學」的辨別力。

其實這使他們的信仰基礎變得薄弱。加州的新世紀信徒尤其需要打一劑懷疑主義的強心針。從事任何冒險之前，都必須知道如何辨識對健康有益或有害的事物，心靈旅程當然也不例外。

打高爾夫球是個很好的實例。每一局高爾夫都是一場冒險，這也是它的趣味所在。冒險和嘗試新事物能增加樂趣，但有個臨界點，冒險超過某種限度之後，球技就無法發揮，所以有時候還是該步步為營。

例如，目標的球洞往往位於最令高爾夫球員頭痛的位置，一側是陡峭的懸崖、前方有個沙坑、後面可能還有一片懸崖。這種高難度的球洞，職業選手或許一桿就打進洞，但他們是萬中選一的高手。我認為一般人打好高爾夫的原則，就是不要以一桿進洞為目標，而是分析球道構造，在自己能力極限之內打球。這是常規，但若是難得一次，你會覺得可以突破常規的局限，當直覺鼓勵你勇往直前，你就該應聲行動，冒一次險。

心靈生活也應是如此。但是新世紀運動總是鼓勵大家追求一桿進洞的奇蹟，不加辨識地有險就冒，很多人因此惹了一身麻煩。麥克琳（Shirley Maclaine）那本充滿新世紀精神的自傳作品《心靈之舞》（*Out on a Limb*，書名意為「無路可退」），倒真是一語成讖。

異端邪說的危害

直到大約十五年前，我一直以為所謂異端邪說，全是跟中世紀宗教法庭一樣過時的老古董，跟現代世界毫無關係。但後來我在醫院裡治療一位參與各式各樣古怪的祕密教派，遭受嚴重困擾的「新世紀」婦女，由於情況特殊，宗教是病情的核心，為了了解她心靈上的問題，所以有一天我對她說：「說說你對耶穌的看法。」

她在紙上畫了一個大十字，在四個格子裡各畫一個圓圈，說：「十字架上面靠這兒，有三個耶穌，下面這裡也有三個，這一區有三個，還有三個在這一區。」

心理醫師有時不能太放任病人，我說：「別胡鬧，你說說他是怎麼死的？」

她說：「他是在十字架上釘死的。」

或許因為她過去盡力逃避痛苦的表現，我靈機一動問：「那樣會不會痛？」

「喔！不痛的。」她回答。

我追問：「你說不痛是什麼意思？怎麼可能不痛？」

她輕鬆地回答：「基督的意識能力非常高超，他可以把自我投射到天上的靈體，所以對人世的痛苦不會有感覺。」

我沒有聽過這種論調，只覺得聽來很荒謬。當天晚上，我向一位牧師請益，他一聽就說：「啊！這是幻影論（Docetism）。」

他解釋給我聽：「這在很久以前就被教會裁定為異端邪說。早期基督徒當中有一批幻影論的信徒，他們認為耶穌是神，他的人形純粹是幻影。」

從那時起，我發現古老基督教異端邪說大多數至今在很多地區還非常活躍。例如內在性論（Immanence）和超越論（Transcendence）是神學理論的兩大派系。內在性論強調人性中具有的神性，亦即所謂的「內在之光」（the inner light）。而超越論著重超乎人性體驗的神性，提出諸如天上的父、天網恢恢等觀念。這兩方面其實缺一不可，只認識其中一面的人往往容易出問題。

如果相信上帝完全只存在我們心中，那麼我們可以從任何人的思想和感覺中獲得啟示，新世紀運動有個叫做「新思潮」的支派，已經面臨這種問題。

如果相信截然相反的論調，認為上帝超越凡塵，平常人不可能觸及，那麼人就只能透過摩西或耶穌等先知跟上帝溝通，必須透過教士闡釋才能聽到祂的話。這種方式會產生我稱作「傳統守舊的異端邪說」問題，例如，我們可以說宗教法庭的宗教裁判官，遠比他冠以異端邪說的罪名、施以酷刑或火刑的任何犯人，都更異端邪說，因為最起碼他殘殺這些受害者內在的神性，就已經鑄成大錯。

所以到頭來我們還是面對一個矛盾：上帝一方面是我們的內在小聲音，但同時也存在我們外面，無比超越、偉大。

矛盾並存的思想方式即使到今天仍相當普遍。大約一千五百年前，有個工作狂的愛爾蘭教士皮拉吉亞（Pelagius），他告訴追隨的人——唯有多做好事才能獲得救贖。這論調後來稱為「皮拉吉亞邪說」，因為它會使人陷入困境，不僅把人塑造成為工作狂，也讓人以為可以用某種代價換取救贖，不需要靠上帝的恩典，這會鼓勵無根據的自大心理，讓人以「自己掙來的」成就為榮。

約三百年前，歐洲有一群基督徒秉持跟皮拉吉亞完全相反的信念——亦即救贖完全來自恩典。這批人被稱為寂靜主義者（Quietist），因為他們就只是靜靜地坐著，等候恩典降臨。由於這種教義導致人對耶穌鼓勵的各種社會運動非常冷漠，所以也被視為異端邪說。

救贖可說是矛盾的混合，其中有恩典也有努力，但兩者的百分比永遠不可能用數字加以分析。

整合行動與神學

其他宗教也有異端邪說，跟基督教異曲同工。例如，恩典與行善的矛盾帶給穆斯林的煩惱，不亞於基督徒。事實上，有關這題目我聽過最好的忠告來自穆罕默德，他說：「相信真主，但是要把駱駝綁好。」

還有一種俗世的異端邪說，徹底的個人主義（Rugged individualism）是最佳實例。這種個人主義認為，個人是應環境要求而出現。這觀念有一部分是事實，榮格曾說，心理和心靈的成長都以個人獨立為目標，每個人都需要建立脫離父母生活、獨立思考的能力。我們聽從獨立的召喚，靠自己的兩條腿站起來，即使不能完成操控自己的命運，也要掌自己的舵。我們確實是被召喚來做這些事，可是徹底的個人主義否定榮格提出的另一個面：我們也要跟自己的極限、自己的支離破碎，以及人際之間無可避免的倚賴關係妥協。徹底的個人主義就跟其他異端邪說一樣，忽略了矛盾的另一面。

這會帶來劇烈的痛苦，坐在同一排椅子上的人，用平靜的面具掩飾自己，假裝一切沒有問題，因為人家說我們不該有問題。可是事實上，完全沒有問題的人在這世界上根本不存在，徹底的個人主義會使人無法互相討論自己最重視的事，人人像躲在一間氣密式的小艙房裡，全然孤立。

要逃避異端邪說，就必須接受矛盾，獨立思考就是矛盾思考。我們不但思考要獨立，行動也要獨立。獨立的行為方式就是「力行」（praxis），這觀念最初由馬克斯主義者提倡，後來被解放神學家採納。它的意義就是把行動和信仰體系整合，正如甘地所說：「信心若不能化為行動，還有什麼價值呢？」顯然我們應該整合行動與神學觀念，才能成為完整而正直的人。但不論信奉哪種宗教的人，都很難做到這一點。

祕密教派的特徵

基督徒和新世紀運動的信徒都會面臨很多陷阱，其中一種就是祕密教派。我不反對希望組織共同體、共同生活的人，在我看來，這是神聖的天賦使命。可是共同體跟祕密教派有很大不同，共同體藉內部的緊密聯繫吸引人參加，它不施加壓力強迫人留下，以兼容並蓄各成員的差異為榮。相對的，祕密教派的特徵就是為成員洗腦，施加強大的壓力，使人加入後就不敢退出，它的成員都有某些共同的特徵。

下面我提出祕密教派的十大特徵，使兩者的分野更為清晰：

一、鼓勵對領導者偶像崇拜

統一教信徒聲稱教主文鮮明是「再臨救主」，是這類型偶像崇拜極為明顯的例子。主導瓊斯鎮集體自殺的瓊斯（Jim Jones）和大衛教派集體自焚案的柯瑞許（David Koresh），都極具領袖魅力，最終卻為追隨者帶來災難與死亡。很多「大師」（guru）型人物，都鼓勵門徒把他們個人當作偶像崇拜。

二、有一個地位崇高的權力核心

即使最有野心、最有魅力的領袖，憑一己之力能夠管理的組織規模也有限，必須有可靠的門徒襄助。大致而言，所有大型教派都有一個內圍核心，進入這個核心的人在教派中都深受尊敬，不亞於領袖。大家對他們既敬且畏，也免不了心生妒嫉，並在背後講他們的閒話。內圍核心倒不見得是祕密教派獨有的特徵，也存在於所有的大型組織、政府機關、企業集團、大學、教會之中，差別只在敬畏的程度，以及濫用權力的機會。

三、行政採取黑箱作業

內圍核心的運作完全保密是祕密教派的一大特徵。當然，這種保密現象在很多與宗教無關的組織裡也看得到。政府行政部門也有一大堆祕密文件和人事保安分類，工商界則有所謂的企業祕密，煙霧瀰漫的董事會、表面上悠閒的早餐會，其實是真正的決策場合。祕密教派領袖最大的不同在於，不設法掩飾祕密行為。

四、隱瞞財務

若干年前，我有機會參加一個新世紀運動和平組織的高級領導會議。大半天的時間裡，有許多令人不快的跡象使我們認定這是個祕密教派組織，其中之一就是負責人對財務問題避而不談。為什麼要保密？真叫人不懂，這是個非營利組織，因此所有財務狀況必須列入公開紀錄，任何不嫌麻煩的人都可以查閱。我只能假設，教派領袖保密已成習慣，所以把這種沒有必要的汙染帶進公共領域。這個組織遮遮掩掩的活動不止這一項，不過這一點最令人感到不可思議。總而言之，不論出於何種動機，隱瞞財務的確是很多祕密教派共同的特徵。

五、鼓勵倚賴心理

祕密教派最讓人害怕的一點，應推權威式領導造成信徒的倚賴心理。祕密教派不但不鼓勵信徒參與領導，還千方百計打擊他們獨立思考的能力。過去天主教會也有這方面的問題，現在大家蜂擁向東方宗教尋求心靈解答，也可能遇到類似的問題，例如印度教傳統中，大師就教門徒把他們當神祇侍奉。

六、一致性

我認為這是祕密教派最可悲的特徵。前面提到的那個和平組織，最令我難忘的是所有成員予人一模一樣的印象。他們的年齡從三十歲到七十歲不等，有男有女，有人穿得很正式，也有人穿著很隨便。可是會中人士所表現那種極端受壓抑的一致性，我即使在軍中、政界，或任何其他開會場合都不曾遇過。

七、特殊語言

一群密切合作的人，會發展出一種只有圈內人才聽得懂的特殊語言，他們的交談常含有特殊涵意，組織之外的人聽不懂。這本來是很自然的事，組織的性質愈接近祕密教派，語言特殊化的程度愈高，最後會變成一種只有入會者才懂的祕密語言，而且無法翻譯。例如，有好幾個新世紀組織發信給我，希望我加入，但是我實在看不懂「不斷回應的核心團體」或「重新進化」這樣的字眼。這種團體沉浸在特殊語言裡，已經喪失跟外界充分溝通的能力。

八、武斷的教義

有個祕密教派喜歡說他們正在「發展」神學理論，需要像我這樣的圈外人協助。我覺得這種話完全是幌子，據我的觀察，他們的神學理論早已發展完備，大部分教義也早已成為教條。

九、異端邪說

所有組織的存在，不論願意與否，都在意識或潛意識的層次跟上帝有某種關係。以企業組織為例，它就可視為一種消極的抵抗；信奉撒旦的祕密教派則是積極而強烈的抗拒，它們跟上帝的關係幾乎永遠不正常，是異端邪說。

十、自認掌握上帝

祕密教派基於對上帝的歪曲觀念，加上對武斷教條的偏好，常自以為可以壟斷上帝，把祂當作掌中之物。但事實上沒有人有資格擁有上帝，上帝擁有我們，每個人和每個團體都屬於祂。

如果你要用這十點評估任何特定團體，我要強調，不需要十點同時具備才算是祕密教派，只要有三、四點符合，就很可疑了。更別忘了，祕密教派多得不可勝數，很多企業組織也都是祕密教派，對員工施加強大壓力，逼他們穿一模一樣的衣服，統一他們的外表和行為模式。

有人告訴我，天主教會也符合上述多項標準，但是我不認為美國天主教會是祕密教派，一九六〇年代舉行的梵蒂岡第二次會議，已徹底改革了美國的天主教。祕密教派中，信徒只能服從權威系統，不准挑戰，然而美國天主教會的權威系統現在天天受到挑戰。今天的天主教會裡，婦女運動極為活躍，雖然有點混亂，但個別教堂允許採用多種不同的崇拜儀式，有的非常保守，也有的非常自由。

來點新鮮空氣

教宗若望二十三世任期內對天主教會的大轉變可說厥功甚偉。一九五八年他當選時，只是過渡時期被推出的領袖，因為主教們在選舉教宗時實在找不到合適的人選，最後經過妥協，決定選一位年紀最大、最不惹人反感的人擔任教宗。若望當時已七十多歲，看來是個胖敦敦、討人喜歡的老頭兒，大家都以為他活不了多久，也做不了什麼事。不料他當選第一年，就下令召開第二次梵蒂岡會議。人家問他開這種會幹什麼，他一把推開老舊的窗戶，高聲喊道：「新鮮空氣！新鮮空氣！」

新世紀運動最大的貢獻，也無非是帶來新鮮空氣。到目前為止，我一直強調它的分裂面，我相信新世紀運動反對的罪惡都確實存在，需要清除，只要能避免過度反應的問題，好處真是不勝枚舉。就整體面而言，它也有很大的成就：整體醫療結合不同種類、不同方面的醫療，消弭過度的分化；生態保育運動整合生物圈裡的所有生物；全球觀點的思考方式，也改變了舊有的心態。

舉個例子，柏林圍牆尚未拆除前，我有幸跟兩位蘇聯公民親密相聚三天，其中一位在俄共中央委員會享有很高的地位，他到美國試圖說服美國人相信，戈巴契夫推動開放是件大事。當時大多數美國人都把開放政策當作俄國的宣傳伎倆，但是我跟他們共處後，開始相信這次是真的。

不久之後，我在一場討論會中，聆聽華府知名的專欄作家安德森（Jack Anderson）演講。安德森畢生仗義行善，做過很多好事，但還是保持舊式心態。在現場問答時，有人提到開放，他以深知內幕的姿態表示，這次俄國是來真的，他也很正確地指出，蘇聯境內有很多反對開放的聲浪，來自官僚體制的抗拒也很大。最後他說：「感謝上帝，俄國人的官僚體制比我們糟多了。」

我所謂的舊式心態就是這樣，因為別人不及我們而感謝上帝。我覺得真正該感謝上帝的是，這種舊式的競爭心態已經開始改變。美國又何嘗不需要推動開放？我們應該擺脫競爭和分化，全心追求社會生活和靈性生活各方面的整合。

所以我對「新世紀是一種整合或分裂的運動？」這個問題的回答是前者，也是後者，不過它未來的發展仍是個未知數。它會帶來革命或改革，如果它傾向革命，我認為它會失敗，而且造成危機；但如果它能堅持改革的路線，我相信它會達到神聖的目標，因為我們亟須改革。

有時我覺得，我在一九八四年成立的「團體激勵文教基金會」也是新世紀運動的組織，在某些方面確是如此。包括我們揭櫫的「對新觀念開放」價值觀，就相當符合新世紀的精神；但同一套價值觀也強調「可靠的數據」，這純然是傳統科學與企業經營的準則。我們必須在這場矛盾的戰爭中堅持到底，才能維護全套價值觀的完整。

整合不僅不易，往往也很痛苦。以整合為原則去做事的困難度高得多了。因為整合總是免不了痛苦，所以改革也遠比革命困難。新世紀運動帶來的是救贖或天譴，端視它會朝革命或改革發展而定。也就是說，它提出的新觀念是否能提供足夠的誘因，使人願意走完痛苦的歷程，實踐嚴格的自律，不把菁華跟糟粕一起丟棄，而是把最好的新東西跟最好的舊東西整合在一起。

第十二章 攀上性靈的國度

性別對上帝而言太過狹隘。祂代表最美好的人性，既深且廣；總有一天為了追求完整，我們會向祂臣服，找尋最終極的性靈體悟。

關於靈肉之間的關係，很多人會絕口不提，其實不妨去看看《聖經》裡的〈雅歌〉，這卷經開宗明義就說：「願他用口與我親嘴……」。〈雅歌〉事實上就是一首上帝跟信徒之間對口的情歌，細膩而充滿情慾挑逗。但宗教中有一派，專門把性和性慾劃歸魔鬼的管轄，認為魔鬼就是用色慾和罪惡的肉體歡娛引誘人。在這種前提下，靈與肉唯一可能的關係就是對峙作戰，必定有一方獲勝，一方落敗。但我認為靈肉之間的衝突，毋寧更像情人鬥氣或手足爭吵，會隨成長逐漸戒除。

人類現在已有能力用科技把自己炸得灰飛湮滅，可是一問起性慾是什麼，科學就立刻撞到鐵板；談到從科學角度說明解剖觀察不到的兩性異同，我們是毫無頭緒。就性慾的本質而言，恐怕神話能教我們的知識比科學更多。

神話的一個基本主題就是神明害怕人類篡奪祂們的地位，性別誕生的神話可說是這個主題的變奏。神話告訴我們，太初時人類集兩種性別於一身，但這麼一來，他們的勢力快速發展，竟然企圖侵犯神的領域。所以神把人劈成兩半，一半是男，一半是女，淪為半個人以後，人類就再也沒有能力跟神競爭。不完整的人渴望恢復過去的完整，只好永遠尋求另一半，希望能從性的結合中，再度體驗跟天神近似的那種完美幸福感。

所以根據神話的說法，性慾源自一種不完整感，表現於追求個體完整和神性。可是相同的定義不也適用於性靈嗎？我們的神性不也同樣源自不完整的缺憾，而表現於追求完整和神格嗎？

當然，肉慾和性靈不盡相同，儘管它們不是一模一樣的雙胞胎，卻是有血緣的表親，由同一片土壤孕育，這不僅是神話，也是千真萬確的事實。

事實上，對很多人而言，性交是他們畢生中最深刻的性靈經驗。正因為性行為是一種性靈經驗，所以很多人才會一往直前、放浪形骸地追逐性的滿足。不論有意識或無意識，他們真正追求的其實是上帝。

神祕性靈經驗

有一天，心理學大師馬斯洛打定主意不要研究患病的人，而要研究特別健康的人，也就是一萬人當中才有一個，對人生信心十足、充分發揮潛能、發展成為最完整的人。他把這種人稱作「自我實現」的人，我則偏好用「共同實現」一詞。馬斯洛研究後發現，這類型的人有十三個共同點，其中之一就是他們都把性高潮視為一種神祕的性靈經驗。

神祕一詞在此不僅是當作形容詞而已，千百年來，密契主義者常說，自我死亡是神祕性靈之旅必經的步驟，甚至就是整個旅程的目標。法國人更習慣把性高潮稱作「小死」（la petite mort）。

性高潮的主觀品質當然決定於性伴侶雙方的感情，如果你追求最高品質的性高潮，最好的方法就是找自己深愛的人從事性行為。經由相愛關係而達到性高潮神祕顛峰的一剎那，我們不再意識到性伴侶的存在；處於小死的短暫顛峰，渾然忘記自己是誰，身在何處。我相信是因為在這一刻，我們脫離了塵世，進入上帝的國度。

思想家庫瑪拉斯瓦米（Ananda Coomaraswami）說得好：「共同進入高潮時，個體對彼此而言，就跟天國之門被已經進入天國的人拋在腦後一樣。」坎伯換一種方式說：「對沉浸在愛情狂喜裡的戀人而言，對方就像通往祭壇的廟宇大門，已無關重要。」

性行為基本上可說是一種宗教經驗。但宗教經驗有性的成分嗎？自古以來，很多情詩佳作都出自於修會男女會士之手，我認為不完全是巧合。下面舉十六世紀西班牙天主教奧祕神學家十字架聖若望（Saint John of the Cross）的〈黑夜〉（Dark Night）為例：

一個黑夜，
燃起熱切的愛情渴望，
——啊，完全的恩典！——
我悄悄走出去，

屋裡已悄無聲息。

在黑暗的安全裡，
站在祕密樓梯旁，偽裝，
——啊，完全的恩典！——
用黑暗藏身，
屋裡已無一絲聲息。

歡樂的夜，祕密的，
因為無人見我，
我也什麼都不看，
沒有其他光線引導。

只靠心中燃燒的那抹光。
它的帶引，

比午間的陽光更有把握，
到達他等我的地方，
——我多麼熟悉的地方——
在一個沒有人到的地方。

注意下節詩中不同性別的結合：

啊，給我指引的夜！
比黎明更可愛的夜！
啊，夜結合了
愛人與他所愛的人，
使被愛的人在她的愛人體內變化。

我如花盛開的胸脯，
完全只為他保留，

供他枕著安眠，
我愛撫他，
在香柏樹吹拂來的微風中。

角樓上微風徐徐，
我撥開他的髮絲，
縷縷纏繞我頸項，
風以它的柔荑，
拉扯我所有感官。

我把自我拋開、忘懷，
臉貼在心愛的人兒身上；
一切都靜止，我不復是自己，
一切憂慮，
都忘在百合花開。

我相信這首詩最後一節描述的神祕結合，也有可能發生在人與上帝之間，這就好像在文學中關於性高潮的最佳描述：「我把自我拋開、忘懷……一切都靜止了……我不復是自己……。」

禁慾與守貞

根據我跟教士和修女的接觸得知。最好的教士和修女都是愛上帝愛得最熱烈的人，而唯有熱情、有性慾的人才能熱烈地愛上帝，但這樣的人為什麼選擇終身禁慾和守貞呢？

有兩個原因。第一，性對感情關係是一種破壞的力量。一旦把愛戀的對方當作性對象，就會產生利用對方的強大傾向。雖然男女利用別人的手法不同，但我們或明或暗的利用性對象，目的不外乎是操縱和自利。

我在《心靈地圖I》中，曾經對真愛（關懷他人的心靈成長）與浪漫之愛（自戀的一種形式）做嚴格區分。浪漫之愛的幻想總以為，灰姑娘在夕陽下跟她的白馬王子策馬遠去，從此享有無窮盡的性高潮，但這全是幻想。自由戀愛比起媒妁之言的婚姻，當然更能博得好感，但任何以為兩性關係中可以建立永恆羅曼史的人，都注定要失望。事實上，塵世的浪漫愛情中找不到永久的信仰，是很多文化都面臨的問題。

一般人往往把配偶或情人當成上帝。要求配偶或情人滿足自己的一切需求，賜我們塵世的永恆天堂。這種事根本不可能實現，原因很多，其中之一就是我們自覺或不自覺地觸犯了十誡的第一誡，全文是：「除了我以外你不可以有別的神。」

但從人性的角度考量，每個人都希望擁有一個具實際形體的上帝，讓我們不但可以看到祂、觸摸祂，最好能擁抱祂、愛撫祂，完全占有祂，所以我們情不自禁要把配偶或情人當作上帝，卻在這麼做的同時，忘記了真正的上帝。

這正是信奉宗教極端虔誠的人決心守貞的第二個原因，他們要一心一意愛上帝，不因任何事物分神。他們不願在浪漫愛情中，成為偶像崇拜心態的俘虜。聖奧古斯丁說得好：「神啊！我心永遠不得安息（或作永遠在飢渴），直到在祢裡面。」更何況，當一個人凡事以跟神共處為首要的時候，就不需要別種人際關係了。

我並不鼓勵大家藉守貞達到心靈成長。正相反，我鼓勵性慾，也鼓勵性行為，我自己也喜歡性，也樂見別人享受性生活。

凡事都有定期

十多年前，我為一個三十多歲、性冷感的婦人做好幾個月的治療，她忽然皈依基督教，成為虔誠的教徒，我有機會目擊她的重大轉變。皈依三週後，她得到有生以來的第一次高潮。

這時機是否巧合？我不以為然。我有位朋友曾說：「我們人格中掌管性與心靈的兩部分緊緊相鄰，所以一個受挑逗，另一個必然不可能無動於衷。」我相信，這名婦人在能夠把自己全心全意交給上帝以後，很快也就能把自己全心全意交給另一個人。

我還有一位擔任神職人員的朋友，根本就用這件事來衡量皈依的程度。他告訴我，一個原先有性壓抑傾向的人，一旦皈依之後，如果沒有相當程度的性覺醒或性解放，他就有充分理由懷疑這個人信仰的深度。

讀者可能聽過牧師跟女信徒戀愛的故事。從事神職的人在激情來襲時，往往缺乏防禦力。我也得承認，我從事心理治療時，只要發現同一心靈波長的女病人，而對方又不是人老珠黃時，我就必須提高警覺了。

「性」對每個人都是問題。小孩子有性問題，成年人有性問題；不管是剛成年的人、中年人或老年人都有各自的性問題；抱獨身主義的人有性問題，結婚的人有性問題，單身的人有性問題，不論異性戀或同性戀的人都有性問題；泥水匠、水電工、牙醫和律師有性問題，外科醫師和心理醫師也有性問題，我當然也不例外。

這世界可被當作是一個上帝設計的魔鬼訓練營，祂設下各種險惡的障礙，做為磨練我們的教材，其中最難超越的一項障礙就是性。上帝賦予全人類一種與生俱來的錯覺，自以為有本事克服性問題的障礙，擁有永恆的性滿足。當然，或許在短時間或甚至一、兩年的時間裡，我們會覺得性問題真的解決了。可是我們自己會變，性伴侶會變，遊戲方式也會變，結果又得從頭設法超越新的障礙，雖然還有那種能全然克服障礙的錯覺，但事實並非如此。不過，在嘗試克服障礙的過程中，我們學會很多有關脆弱、親密、愛，以及如何擺脫自戀情結的知識。

我在心理治療中，經常會建議性行為淪為例行公事的已婚夫婦，嘗試守貞一段時間。至少對部分人而言，禁慾與守貞是兩條可行的路。即使單從心理醫師的立場，我也會基於個人經驗做出這樣的建議。

很多年前，我治療一位擁有一流大學博士學位的年輕婦女，她的症狀之一就是不由自主地不斷找人發生自己不喜歡、也不覺得愉快的性行為。我照例應用佛洛伊德的心理動力學（psychodynamics）手法，試圖發掘這一症狀的肇因，卻沒有任何收穫。最後有一天，我問她：「有沒有可能你相信活躍的性生活是心理健康的要素？」她說：「當然囉！難道不是這樣的嗎？」

這個可憐的女人以為，必須強迫自己跟男性發生不想要、也不覺得愉快的性關係，才能維繫心理健康的形象。在她禁慾三週後，我發給她一份證明她心理健康的證書，她真是鬆了一口氣。

我在年紀大的夫婦身上，也看到類似現象。十多年來，有很多心理醫學的研究論文和著作指出，老年人有性行為很正常。但我一直很擔心這論點會產生歪曲的解釋，專家在許可老年人從事性行為的同時，會不會變成強迫他們不論喜歡與否，都要有性行為，才能保持年輕或魅力。

我曾遇見兩對老夫婦，他們都相愛很深，但兩個案例中，雙方都私下告訴我，他們對配偶已喪失「性趣」，事實上是對任何人都不再有「性趣」，但他們繼續發生性行為，因為他們認為對方想要。所以我把他們一起找來，公開討論這問題，建議說：「既然你們都不想做愛，何不就此不要做算了？」他們像是得知一個了不得的大祕密一般，他們從來不知道不做愛沒關係。

我想到傳道書開頭一段著名的話：「凡事都有定期，天下萬物都有定時……，懷抱有時，不懷抱有時。」這是非常深刻的俗世智慧，也是心靈的智慧。性是上天賜與的好禮物，但不代表它在所有季節、所有時候都適合所有的人。

任何有關性的討論中，兩個人與上帝的性關係這種觀念可能最驚世駭俗。雖然我相信幾乎所有人都會同意，我們跟上帝最熱烈的關係應屬浪漫愛情式，但他們會質疑，這種關係是否真的牽涉到性或性魅力。很多人會堅持，不論在《聖經》情詩或十字架聖若望寫的情詩中，激情不過是一種詩的意象。他們充其量會同意聖公會教士瓊斯（Alan Jones）的話，亦即性愛是濃烈愛情的象徵。我想這話有其真理，可是不見得是全部的真相。

深刻的性靈體悟

儘管很令人震驚，但我認為人與上帝的關係中，含有真實的性成分。這麼說並不代表人類天生好色，而是把上帝當作有性的存在，這與我過去的想法有很大的出入。

大學時代，在我的理解中，用神人同形的觀念來描繪上帝，把祂說成白鬍子老頭兒或有外生殖器的生物，是最荒謬的事。在我想像中，上帝一定跟我們所能想像的截然不同，而且更加偉大。因為祂本來就是如此。

但大學畢業這麼多年來，我發現了解上帝本質最有意義的方式，就是把人性中最好的部分投射在祂身上。這樣呈現的上帝，最重要的特質就是人性。祂代表最美好的人性，所謂上帝照祂的形象造人，也不妨從這個角度解釋。

我相信上帝不僅在一開始就照祂的形象創造我們，而且仍在繼續這麼做。聖公會神學家兼作家卡彭（Robert Capon）指點了一個明顯的邏輯：上帝既然是照祂的形象創造我們，我們又是有性的生物，所以藉此可以推論，上帝也是有性的生物。

我同意這套三段論法，除了因為它合乎邏輯之外，還有一個原因：我根據親身經驗悟到，上帝是個誘惑者。不妨用「情人」或「追求者」取代「誘惑者」，你就會知道，上帝成功地誘惑了我，儘管我曾經像個驚慌而不情願的小處女，一再試圖脫逃。卡彭還說，這個性感的上帝對人類的愛也充滿誘惑——「祂是個到處留情的上帝」。

上帝可以讓性顯得像呼吸或吃飯一樣世俗。但祂像經過深思熟慮般地為它抹上性靈的色彩，我相信，祂是刻意藉此讓我們品嘗到祂的滋味。祂最主要的目的是把我們誘惑到祂身旁。把上帝看作有性的存在，並且擁有令人無法抗拒的魅力，其實很符合傳統賦與祂的男性形象。可是無論如何，正如湯普森（Francis Thompson）著名詩集《天國獵犬》（*The Hound of Heaven*）中的譬喻，祂以無比的精力追趕我們時，我們也以無比的精力拚命逃避。最後我們終於就擒，被迫改變信仰的一刻，未必會高興得大喊喜樂，說不定反而覺得很倒楣，因為遭到圍困，因為窮途末路，也因為被逮著了再也沒有脫身的機會。

上帝不是男性，也不是女性，性別對祂而言太過狹隘。祂一直在追逐我們，祂要我們，祂對我們的愛既深且廣，超乎想像，不論我們逃得多快多遠，祂都要得到。我們抓著那些裝腔作勢的拖宕藉口不放，抱著那些發乎自戀的緘默遲疑，但個人的掙扎早晚會結束，我們終究要心甘情願地敞開自己，在祂面前降服。這是我在心靈成長路上的宗教與性靈體悟。

後記

提供自己心靈養分

每個人都是歷史的媒介，在歷史洪流中扮演各種角色，有人努力追隨歷史的潮流求新求變，也有人跟不上時代的腳步。時至今日，有不少人認為美國的心理醫學有必要改變。過去二十五年來，美國心理醫療出現一種日益清晰的「模式」，就是一味強調精神疾病的臨床案例和生物因素，對其他因素幾乎不聞不問。

我對過去四十年來生物化學的長足進步，以及在治療和了解心理疾病方面的深遠貢獻，絲毫沒有詆毀之意，更不敢否定這個領域未來可能的發展，但是很多人都因為心理醫學跟生物化學走得太近而惴惴不安。

真正使我們憂慮的是，心理醫療在目前處境中，非但不能在心理學和人際關係等方面有任何長進，反而面臨喪失既有智慧的重大危機。

我堅信在唯物的表面下，確實存在著看不見的事物秩序，不僅人類會發乎天性地渴望跟這種秩序達成和諧，其實這個看不見的秩序，也在主動努力跟我們達成和諧。這種信念造成的結果，就是我相信每個人都有性靈生活，就跟每個人都有潛意識一樣，不論他們自己喜歡與否。

雖然有很多人忽視、否定、逃避這個看不見的秩序，但這不代表他們沒有靈性，只不過他們在逃避現實。也可能有人以無神論者自居，否定上帝的存在，但同時又熱烈相信真理、美、社會正義，而這些東西無可諱言是看不見的秩序的一部分，他們為這個秩序獻身的熱情，甚至超過固定上教堂、聚會所、清真寺、廟宇的人。因此不妨說，人都是靈性的動物，我認為不把人類當作靈性動物的心理醫學，注定要失敗。

很多心理醫師，在不知道如何幫助思覺失調者這樣的慢性心理病患時，往往就認定他們的病無藥可救。我們也以同樣態度對待智障者，對失智症尤其是如此。但我曾見過即使被確實診斷為失智症的患者，之後在性靈成長上仍有長足的進步。

既然一般心理醫師無法分辨性靈的健康與否，所以也無法提供任何性靈成長上的支持。不過近年心理醫療的專業刊物上，出現幾篇由治療師撰寫的論文，為這方面的治療帶來一線曙光。他們在臨床經驗中發現，鼓勵病人從事健康的宗教或靈修活動，可以顯著提高療效。

十五年前，我和妻子莉莉有個機會，在一家修道院擔任心理諮詢顧問。該院有多位修女罹患非常明顯的心身失調症，教會不知道該如何處理這種狀況。我們一遍又一遍告訴聚集在院長辦公室的二十多個人：「你們都受過高等教育，好多人擁有博士學位，也都是愛與治療的專家。你們是最有資格為彼此解決這方面問題的團體。」可是他們不相信，一再反駁說：「我們不是專業人才，我們受的訓練從來沒有教我們如何區分肉體和心理、心理和性靈之間的差異。」我們談了二十四小時，還是一無進展。最後，一位見習修女脫口而出：「如果我沒聽錯，你們的意思就是，做心理醫師和為人做心理治療，基本上就是一種個人的進修。」我們立刻歡呼道：「你終於聽懂了！」結果這次顧問工作非常成功。

所以我要強調，所謂心理醫師的進步，基本上就是他自我進修的能力，他若不承認自己正在走一段性靈成長的旅程，進修就會流於過度知性，枯燥無味。反之，自我進修就會帶來豐碩的收穫，不僅對自己有好處，病人也能從中獲益。這中間的發展有多重可能性，比方說醫師可能比病人進步更快，他甚至可能脫離心理醫療，轉往陌生的新領域。可是對醫師和病人而言，整體效果都會更好。相對的，不重視性靈生活的醫師，自己和病人的進步都狹隘而受限。

我曾經向一位一流大學醫學中心的心理醫學系主任提出這項建議，他已經開始注重性靈方面的問題。他問我：「什麼是性靈歷史？」我解釋說，那就是詢問病人一系列簡單明白的問題：「你從小在什麼宗教環境裡長大？你還信同一個宗教嗎？如果不是，你現在信奉哪種宗教？這種轉變是如何發生的？你是無神論者嗎？你持不可知論嗎？如果你信教，那麼你對神的觀念是什麼？神是否顯得抽象而遙遠，或者你覺得祂跟你很接近、很親切？這些觀念最近有改變嗎？你禱告嗎？你的禱告如何進行？你有沒有任何性靈上的經驗？它對你有何影響？」等等問題。六週後，這位系主任寫信給我說：「前幾天，我第一次記錄一個病人的性靈歷史，它揭露的內容真是令人難以置信。」

大家或許會覺得好奇，這麼簡單明白的療法，我們為什麼不早採用。我想最大的問題在於，心理醫學強烈抗拒跟性靈扯上任何關係。這些問題是否太涉及隱私？心理醫師是否覺得會對病人構成太大威脅？事實上，病人一點都不覺得這些問題構成威脅。他們很高興有人問，也樂意作答；我認為真正感到受威脅的其實是心理醫師。像例行的詢問性靈歷史這種簡單的療法，不但能改善心理疾病的診斷和治療，也可能使心理醫師警覺到自己的性靈生活的修練。

身為心理醫師，我知道醫療模式很有價值，但是在心理治療領域中，我也從盲目摸索和努力中獲致重大的突破。因此我希望同行都能徹底轉變態度，深入探討個人的成長與性靈之間的關連，經過抉擇後試著改變，不再因個人的靈性感到困窘，真正面對人類的靈性，承認心理醫療不僅提供生化方面的治療，也能供應一點心靈的養分。

（本文摘自一九九二年五月四日對美國精神醫學會的演講）

國家圖書館出版品預行編目（CIP）資料

心靈地圖 II：探索成熟與自由之旅 ／史考特・派克（M. Scott Peck）著；張定綺譯. -- 第六版. -- 臺北市：遠見天下文化出版股份有限公司, 2022.03

面；　公分. -- （心理勵志；BBP468）

譯自：Further along the road less traveled: the unending journey towards spiritual growth

ISBN 978-986-525-499-5（平裝）

1. CST：自我實現　2. CST：自我肯定

177.2　　111002320

心理勵志 BBP468

心靈地圖 II

探索成熟與自由之旅

Further Along the Road Less Traveled: The Unending Journey Towards Spiritual Growth

作者 — 史考特・派克（M. Scott Peck, M.D.）
譯者 — 張定綺

總編輯 — 吳佩穎
責任編輯 — 黃寶敏、方怡雯、陳怡琳
美術設計 — BIANCO TSAI
內頁排版 — 張靜怡、楊仕堯

出版者 — 遠見天下文化出版股份有限公司
創辦人 — 高希均、王力行
遠見・天下文化 事業群董事長 — 高希均
事業群發行人／CEO — 王力行
天下文化社長 — 林天來
天下文化總經理 — 林芳燕
國際事務開發部兼版權中心總監 — 潘欣
法律顧問 — 理律法律事務所陳長文律師
著作權顧問 — 魏啟翔律師
地址 — 台北市 104 松江路 93 巷 1 號 2 樓

讀者服務專線 — (02) 2662-0012 ｜傳真 — (02) 2662-0007；(02) 2662-0009
電子郵件信箱 — cwpc@cwgv.com.tw
直接郵撥帳號 — 1326703-6 號 遠見天下文化出版股份有限公司

製版廠 — 東豪印刷事業有限公司
印刷廠 — 祥峰印刷事業有限公司
裝訂廠 — 台興印刷裝訂股份有限公司
登記證 — 局版台業字第 2517 號
總經銷 — 大和書報圖書股份有限公司 電話／(02) 8990-2588
出版日期 — 2022 年 3 月 31 日第六版第 1 次印行

定價 — NT 400 元
ISBN — 978-986-525-499-5
EISBN — 9789865255053（EPUB）；9789865255060（PDF）
書號 — BBP468
天下文化官網 — bookzone.cwgv.com.tw

天下文化
BELIEVE IN READING